中国农业统计资料

（2009）

中华人民共和国农业部　编

中国农业出版社

图书在版编目（CIP）数据

中国农业统计资料．2009/中华人民共和国农业部编．—北京：中国农业出版社，2010.9
ISBN 978-7-109-14985-4

Ⅰ．①中…　Ⅱ．①中…　Ⅲ．①农业统计-统计资料-中国-2009　Ⅳ．①F322-66

中国版本图书馆 CIP 数据核字（2010）第 179702 号

中国农业出版社出版
（北京市朝阳区农展馆北路 2 号）
（邮政编码：100125）
（电子信箱：njcbzx@agri.org.on）
责任编辑　吴洪钟　梁书生
编　　辑　章　颖　汪子涵

中国农业出版社印刷厂印刷　　新华书店北京发行所发行
2010 年 8 月第 1 版　2010 年 8 月北京第 1 次印刷

开本：787mm×960mm　1/16　　印张：13.5
字数：360 千字　　印数：1~2 000 册
定价：50.00 元

主　　编： 陈晓华

副 主 编： 张玉香　钱克明

编　　委： 张兴旺　杨雄年　马淑萍　刘恒新
王宗礼　杨振海　何子阳　欧阳海洪
李健华　贾广东

编辑人员： 陈丽水　李韶民　杨　娜　郝先荣
杜建斌　姚春生　辛国昌　王晓红
胡玉玲　傅金凯　李春艳　袁晓初
张伟民　李建珠　陈冬冬

编 者 说 明

一、《中国农业统计资料》是一本反映我国农业、农村经济的综合性统计资料工具书。为及时满足社会各界人士了解我国农业和农村经济发展情况的需要，《中国农业统计资料》收录了2009年度全国农村经济主要统计数据和种植业、畜牧业、饲料工业、渔业、乡镇企业、农垦、农机、农村能源、农业自然灾害等资料，同时简要列出2000年以来的历史资料。

二、各类全国性数据未包括香港、澳门特别行政区和台湾省数据。

三、由于小数位调整而产生的数据计算差异未作机械调整。“…”表示数据不足本表最小单位数，“#”表示其中的主要项。

四、农村经济收益分配表中的各项收入，是生产性收入，不包括非生产性收入（如在外人口寄、带回的收入，从国家财政得到的收入，亲友赠送的收入等），与国家统计局的《农民家庭收支抽样调查》的统计口径不同，请注意在具体使用时加以区别。

五、本书是系列图书，每年出版一本，公开发行。

目　录

一、综合

二、种植业

三、畜牧业

四、饲料工业

五、渔业

六、乡镇企业

七、农垦

八、农机

九、农村能源

十、农村经济收益分配

十一、农业自然灾害

一、综　　合

全国农村基层组织和农业基本情况（一）

项　　目	单位	2000 年	2005 年	2008 年	2009 年
农村基层组织					
乡镇个数	个	43 735	35 509	34 301	34 170
镇个数	个	19 692	18 888	19 234	19 322
村委会个数	个	73 715	640 139	603 589	599 078
乡村人口和从业人员					
乡村户数	万户	24 148.5	25 222.4	25 663.7	25 975.7
乡村人口数	万人	92 819.7	94 907.6	95 579.8	96 110.5
乡村从业人员数	万人	47 962.5	50 387.3	52 025.7	52 599.3
按性别分	万人				
男	万人	25 518.1	26 930.9	27 835.0	28 186.3
女	万人	22 444.4	23 456.6	24 190.8	24 413.0
按国民经济行业分	万人				
农业	万人	32 797.6	29 975.8	28 363.8	28 065.3
工业	万人	4 108.7	6 011.4	7 720.7	8 134.7
建筑业	万人	2 691.0	3 653.4	4 450.7	4 688.4
交运仓储及邮电通讯业	万人	1 170.8	1 433.4	1 619.8	1 677.9
批零贸易及餐饮业	万人	1 751.7	2 937.9	3 594.2	3 786.1
其他行业	万人	5 442.0	6 376.2	6 276.1	6 246.9
农民人均纯收入	**元**	**2 253.4**	**3 254.9**	**4 760.6**	**5 153.2**
耕地面积	**千公顷**			**121 716**	
农作物总播种面积	**千公顷**	**156 423.6**	**155 487.2**	**156 266.0**	**158 639.3**
粮食作物	千公顷	108 462.7	104 278.5	106 792.6	108 985.8
谷物	千公顷	85 264.1	81 874.0	86 248.0	88 401.1
豆类	千公顷	12 660.1	12 901.5	12 118.0	11 948.8
薯类	千公顷	10 538.5	9 503.0	8 426.8	8 635.8
油料作物	千公顷	15 400.4	14 318.0	12 825.6	13 652.1
棉花	千公顷	4 041.2	5 061.9	5 754.3	4 951.8
麻类	千公顷	261.9	334.9	221.5	159.5
糖类	千公顷	1 514.3	1 564.5	1 989.9	1 883.9

注：2009 年农民人均纯收入来源于《中国统计提要 2010》。

全国农村基层组织和农业基本情况（二）

项　　目	单位	2000 年	2005 年	2008 年	2009 年
烟叶	千公顷	1 437.4	1 363.2	1 326.1	1 391.9
药材	千公顷	675.6	1 213.3	1 194.0	1 180.9
蔬菜	千公顷	15 236.5	17 720.7	17 875.9	18 414.3
瓜类	千公顷	2 044.7	2 207.8	2 256.6	2 334.3
其他作物	千公顷	7 349.1	7 424.4	6 029.4	5 684.7
茶园面积	**千公顷**	**1 089.1**	**1 352.1**	**1 719.6**	**1 848.5**
果园面积	**千公顷**	**8 931.8**	**10 035.2**	**10 734.4**	**11 139.5**
受灾面积	**千公顷**	**54 547**	**38 818.1**	**39 990.0**	**47 213.7**
成灾面积	**千公顷**	**34 298**	**19 966.1**	**22 283.5**	**21 234.3**
绝收面积	**千公顷**	**10 137**	**4 597.4**	**4 032.2**	**4 917.5**
农林牧渔业总产值	**亿元**	**24 915.8**	**39 450.9**	**58 002.2**	**60 361.0**
农业	亿元	13 873.6	19 613.4	28 044.2	30 611.1
林业	亿元	936.5	1 425.5	2 152.9	2 359.4
牧业	亿元	7 393.1	13 310.8	20 583.6	19 468.4
渔业	亿元	2 712.6	4 016.1	5 203.4	5 626.4
农林牧渔业增加值	**亿元**	**14 628.2**	**23 070.4**	**33 702.2**	
农业	亿元	8 703.6	12 758.5	18 151.3	
林业	亿元	662.3	975.5	1 458.7	
牧业	亿元	3 638.5	6 506.9	9 984.9	
渔业	亿元	1 623.8	2 327.2	3 172.0	
主要农作物产量					
粮食作物	万吨	46 217.5	48 402.4	52 870.9	53 082.1
谷物	万吨	40 522.3	42 776.5	47 847.4	48 156.3
豆类	万吨	2 009.9	2 157.9	2 043.3	1 930.3
薯类（折粮）	万吨	3 685.4	3 468.0	2 980.2	2 995.5
油料	万吨	2 954.8	3 077.1	2 952.8	3 154.3
棉花	万吨	441.7	571.4	749.2	637.7
麻类	万吨	52.9	110.5	62.5	38.9
糖类	万吨	7 635.3	9 451.9	13 419.6	12 276.6
茶叶	万吨	68.3	93.5	125.8	135.9

注：2009 年农林牧渔业总产值和增加值来源于《中国统计提要 2010》。

全国农村基层组织和农业基本情况（三）

项　　目	单位	2000 年	2005 年	2008 年	2009 年
水果	万吨	6 225.1	8 835.5	11 338.9	12 246.4
烟叶	万吨	255.2	268.3	283.8	306.6
蔬菜	万吨	42 399.7	56 451.5	59 240.3	61 823.8
瓜类	万吨	5 887.9	7 284.6	7 881.3	8 149.1
畜产品产量					
肉类产量	万吨	6 125.4	7 743.1	7 278.7	7 649.9
猪肉	万吨	4 031.4	5 010.6	4 620.5	4 889.0
牛肉	万吨	532.8	711.5	613.2	636.0
羊肉	万吨	274.0	435.5	380.3	389.0
禽肉	万吨	1 207.5	1 464.3	1533.6	
奶类	万吨	919.1	2 864.8	3 781.5	3 734.6
牛奶	万吨	827.4	2 753.4	3 555.8	3 520.9
蜂蜜	万吨	24.6	29.3	38.0	
禽蛋	万吨	2 243.3	2 879.5	2 701.7	2 740.6
山羊毛	万吨	3.3	3.7	4.3	
绵羊毛	万吨	29.3	39.3	36.7	36.4
蚕茧	万吨	54.8	78.0	90.6	
水产品产量	**万吨**	**4 279.0**	**5 101.7**	**4 895.6**	**5 116.4**
海水产品	万吨	2 538.7	2 838.1	2 598.3	2 681.6
鱼类	万吨	1 032.7	1 038.8	864.3	880.8
甲壳类	万吨	297.0	324.1	288.8	303.6
贝类	万吨	1 038.9	1 156.1	1 072.5	1 120.0
藻类	万吨	122.2	154.2	142.3	148.4
头足类	万吨		103.0	63.8	64.3
其他类	万吨	47.9	62.0	58.3	66.7
内陆水产品	万吨	1 740.3	2 263.6	2 297.3	2 434.8
鱼类	万吨	1 578.7	2 009.4	1 998.5	2 109.9
甲壳类	万吨	86.0	163.8	210.1	228.8
贝类	万吨	48.0	54.0	50.1	52.0
藻类	万吨		0.6	0.6	0.8
其他类	万吨	27.6	35.9	38.1	43.4

全国农村基础设施和农业主要物资消耗

项　目	单位	2000年	2005年	2008年	2009年
农村基础设施					
自来水受益村数	个		356 953	397 090	415 559
通汽车村数	个		617 609	600 449	602 442
通电话村数	个		606 549	599 743	602 106
乡村办水电站数	个	29 962	26 726	44 433	44 804
装机容量	万千瓦	698.5	1 099.5	5 127.4	5 512.1
发电量	亿千瓦时	205.0	348.4	1 627.6	1 567.2
农业机械拥有量					
农业机械总动力	万千瓦	52 316.8	68 549.3	82 190.4	87 496.1
大中型拖拉机	万台	97.0	139.6	299.5	350.5
大中型拖拉机动力	万千瓦	3 143.2	4 315.7	8 186.5	9 742.1
小型拖拉机	万台	1 276.7	1 539.8	1 722.4	1 750.9
小型拖拉机动力	万千瓦	11 783.9	14 796.2	16 647.7	16 922.7
大中型拖拉机配套农具	万部	139.9	226.7	435.5	542.1
小型拖拉机配套农具	万部	1 797.8	2 479.7	2 794.5	2 880.6
农用排灌动力机械	万台	1 483.4	1 752.7	2 034.6	2 085.7
农用排灌机械动力	万千瓦	10 262.1	11 770.9	13 017.5	13 536.3
联合收获机数量	万台	26.5	47.7	74.3	85.8
农用运输车数量	万台	779.5	1 199.4	1 320.68	1 345.0
农业主要能源及物资消耗					
农村用电量	亿千瓦时	2 421.3	4 375.7	5 713.2	6 104.4
农用柴油使用量	万吨	1 405.0	1 902.8	1 887.9	1 959.9
农用塑料薄膜使用量	万吨	133.5	176.2	207.9	208.0
地膜使用量	万吨	72.2	95.9	110.6	112.8
地膜覆盖面积	千公顷	10 624.8	13 518.4	15 308.1	1 550.1
农药使用量	万吨	128.0	146.0	167.2	170.9
农用化肥施用量（按折纯法计算）	万吨	4 146.3	4 766.2	5 239.0	5 404.4
氮肥	万吨	2 161.6	2 229.7	2 302.9	2 329.9
磷肥	万吨	690.5	743.8	780.1	797.7
钾肥	万吨	376.6	489.8	545.2	564.3
复合肥	万吨	917.7	1 303.6	1 608.6	1 698.7
农田水利建设					
有效灌溉面积	千公顷	53 820.5	55 029.4	58 471.7	59 117.3
旱涝保收面积	千公顷	38 336.4	40 236.7	42 024.9	42 255.1
机电排灌面积	千公顷	35 954.3	36 715.6	39 277.5	39 950.9

农业经济在国民经济中的地位（一）

单位:%

年　　份	农村劳动力占全社会劳动力比重	第一产业从业人员占社会从业人员的比重	农村非农产业劳动力占全社会劳动力比重	第一产业增加值占国内生产总值的比重
1978	70.5	70.5	7.1	28.1
1980	68.7	68.7	7.2	30.1
1985	62.4	62.4	14.0	28.4
1986	60.9	60.9		27.1
1987	60.0	60.0		26.8
1988	75.7	59.4	16.3	25.7
1989	75.7	60.0	15.7	25.0
1990	75.8	60.1	15.7	27.1
1991	75.3	59.7	15.6	24.5
1992	75.3	58.5	16.8	21.8
1993	74.9	56.4	18.5	19.7
1994	73.8	54.3	19.5	19.8
1995	70.6	52.2	18.4	19.9
1996	69.4	50.5	18.9	19.7
1997	69.3	49.9	19.4	18.3
1998	69.5	49.8	19.7	17.6
1999	69.9	50.1	19.8	16.5
2000	71.3	50.0	21.3	15.1
2001	71.6	50.0	21.6	14.4
2002	72.4	50.0	22.4	13.7
2003	72.9	49.1	23.8	12.8
2004	72.3	46.9	25.4	13.4
2005	71.6	44.7	26.9	12.2
2006	62.9	42.6	32.2	11.3
2007	61.9	40.8	32.4	11.1
2008	61.0	39.6		11.3
2009				

注：1. 国内生产总值根据经济普查数据进行了调整。

2. 农村各项劳动力占全社会劳动力比重计算口径从2006年起有所变化。

农业经济在国民经济中的地位（二）

单位:%

年　份	农村消费品零售额占全社会消费品零售额的比重	支农支出占国家财政支出的比重	农产品进口额占进口总额的比重	农产品出口额占出口总额的比重
1978	67.6	13.4		
1980	65.7	12.2		
1985	56.5	7.7	12.1	24.5
1986	59.2	8.4	12.0	24.5
1987	58.3	8.7	14.8	22.0
1988	56.2	8.6	16.8	22.0
1989	54.7	9.4	17.1	20.5
1990	53.1	10.0	16.1	17.2
1991	51.9	10.3	13.7	15.8
1992	50.2	10.1	12.0	14.5
1993	42.0	9.5	8.1	13.7
1994	40.6	9.2	10.8	12.9
1995	40.0	8.4	9.3	9.4
1996	39.6	8.8	7.1	8.4
1997	39.0	8.3	7.0	8.2
1998	38.9	10.7	7.0	7.5
1999	38.7	8.2	5.0	6.9
2000	38.2	7.8	5.0	6.3
2001	37.4	7.7	4.9	6.0
2002	35.8	7.2	4.2	5.6
2003	35.0	7.2	4.6	4.9
2004	34.1	8.2	5.0	3.9
2005	32.8	7.2	4.3	3.6
2006	32.5	7.85	4.04	3.2
2007	32.3		4.3	3.0
2008	32.0		5.1	2.8
2009				

各地区农民人均纯收入

单位：元

地　区	人均纯收入					2009 年比 2008 年增加
	2000 年	2005 年	2007 年	2008 年	2009 年	
全国人均	**2 253.4**	**3 254.9**	**4 140.4**	**4 760.6**	**5153.2**	**392.6**
北　京	4 604.6	7 346.3	9 439.6	10 661.9	11668.6	1 006.7
天　津	3 622.4	5 579.9	7 010.1	7 910.8	8687.6	776.8
河　北	2 478.9	3 481.6	4 293.4	4 795.5	5149.7	354.2
山　西	1 905.6	2 890.7	3 665.7	4 097.2	4244.1	146.9
内蒙古	2 038.2	2 988.9	3 953.1	4 656.2	4937.8	281.6
辽　宁	2 355.6	3 690.2	4 773.4	5 576.5	5958	381.5
吉　林	2 022.5	3 264.0	4 191.3	4 932.7	5265.9	333.2
黑龙江	2 148.2	3 221.3	4 132.3	4 855.6	5206.8	351.2
上　海	5 596.4	8 247.8	10 144.6	11 440.3	12482.9	1 042.6
江　苏	3 595.1	5 276.3	6 561.0	7 356.5	8003.5	647.0
浙　江	4 253.7	6 660.0	8 265.2	9 257.9	10007.3	749.4
安　徽	1 934.6	2 641.0	3 556.3	4 202.5	4504.3	301.8
福　建	3 230.5	4 450.4	5 467.1	6 196.1	6680.2	484.1
江　西	2 135.3	3 128.9	4 044.7	4 697.2	5075	377.8
山　东	2 659.2	3 930.5	4 985.3	5 641.4	6118.8	477.4
河　南	1 985.8	2 870.6	3 851.6	4 454.2	4807	352.8
湖　北	2 268.6	3 099.2	3 997.5	4 656.4	5035.3	378.9
湖　南	2 197.2	3 117.7	3 904.2	4 512.5	4909	396.5
广　东	3 654.5	4 690.5	5 624.0	6 399.8	6906.9	507.1
广　西	1 864.5	2 494.7	3 224.1	3 690.3	3980.4	290.1
海　南	2 182.3	3 004.0	3 791.4	4 390.0	4744.4	354.4
重　庆	1 892.4	2 809.3	3 509.3	4 126.2	4478.4	352.2
四　川	1 903.6	2 802.8	3 546.7	4 121.2	4462.1	340.9
贵　州	1 374.2	1 877.0	2 374.0	2 796.9	3005.4	208.5
云　南	1 478.6	2 041.8	2 634.1	3 102.6	3369.3	266.7
西　藏	1 330.8	2 077.9	2 788.2	3 175.8	3531.7	355.9
陕　西	1 443.9	2 052.6	2 644.7	3 136.5	3437.6	301.1
甘　肃	1 428.7	1 979.9	2 328.9	2 723.8	2980.1	256.3
青　海	1 490.5	2 151.5	2 683.8	3 061.2	3346.2	285.0
宁　夏	1 724.3	2 508.9	3 180.8	3 681.4	4048.3	366.9
新　疆	1 618.1	2 482.2	3 183.0	3 502.9	3883.1	380.2

各地区农林牧渔业总产值及增长速度
（2009）

地　区	农林牧渔业总产值	农业	林业	牧业	渔业	比上年增长%
全国总计	**60 361.1**	**30 611.1**	**2 359.4**	**19 468.4**	**5 626.4**	**4.6**
北　京	315.0	140.4	22.9	136.1	10.3	5.5
天　津	281.7	139.7	2.2	83.6	47.5	3.7
河　北	3640.9	1927.8	70.7	1350.1	108.4	3.2
山　西	908.7	556.3	66.7	230.9	5.3	4.4
内蒙古	1570.6	731.9	78.2	721.4	12.7	2.4
辽　宁	2704.6	913.5	70.0	1171.4	441.9	3.3
吉　林	1734.3	777.5	58.9	825.5	23.5	5.3
黑龙江	2251.1	1206.8	85.2	870.2	45.2	5.4
上　海	283.2	147.5	9.0	64.6	53.5	-0.5
江　苏	3816.0	1948.2	70.8	874.0	719.2	4.6
浙　江	1873.4	879.0	117.6	404.9	435.5	2.4
安　徽	2569.5	1289.8	125.1	795.8	257.6	5.5
福　建	2001.2	826.2	162.2	366.9	565.6	5.0
江　西	1733.8	729.7	161.8	541.5	231.2	4.6
山　东	6003.1	3224.0	101.3	1683.8	747.4	4.3
河　南	4871.5	2833.3	134.1	1654.3	64.9	4.5
湖　北	2985.2	1511.5	57.7	881.8	413.1	5.4
湖　南	3207.9	1596.6	174.2	1100.4	188.5	5.2
广　东	3337.6	1551.0	88.3	917.1	661.2	5.0
广　西	2377.2	1135.0	129.0	812.5	216.9	5.4
海　南	705.0	307.6	79.6	142.8	154.5	7.2
重　庆	913.1	522.8	34.1	319.4	24.3	6.4
四　川	3689.8	1806.1	112.5	1596.7	119.1	4.2
贵　州	875.2	501.5	36.9	281.5	11.1	4.6
云　南	1706.2	850.7	196.1	557.8	42.0	5.8
西　藏	93.4	39.1	7.1	44.3	0.2	3.6
陕　西	1337.2	823.6	45.6	387.9	6.5	5.0
甘　肃	876.3	587.3	24.2	171.9	1.1	5.8
青　海	157.3	61.3	2.3	90.1	0.1	5.8
宁　夏	243.5	146.8	8.4	70.7	7.0	8.2
新　疆	1297.6	898.6	26.6	318.4	11.1	5.1

各地区粮、棉、油、糖播种面积占全国比重及位次

单位:%

地区	粮食		棉花		油料		糖食	
	比重	位次	比重	位次	比重	位次	比重	位次
全国总计	**100.00**		**100.00**		**100.00**		**100.00**	
北京	0.21	29	0.01	22	0.04	30		
天津	0.28	27	1.12	13	0.01	31		
河北	5.70	6	12.52	3	3.64	11	0.66	13
山西	2.89	14	1.48	10	1.23	24	0.22	19
内蒙古	4.98	7	0.02	21	5.14	8	1.75	7
辽宁	2.87	16	0.02	20	2.03	16	0.10	23
吉林	4.06	10	0.03	17	1.78	18	0.13	21
黑龙江	10.45	1			1.49	21	3.39	5
上海	0.18	30	0.03	19	0.11	29	0.01	24
江苏	4.84	8	5.10	7	4.35	9	0.11	22
浙江	1.18	23	0.41	14	1.54	20	0.70	12
安徽	6.06	4	7.10	6	7.10	5	0.31	16
福建	1.13	24	0.01	24	0.81	25	0.54	15
江西	3.31	13	1.52	9	5.25	7	0.72	11
山东	6.45	3	16.16	2	5.77	6	…	26
河南	8.89	2	10.85	4	11.29	1	0.24	17
湖北	3.68	12	9.29	5	10.66	2	0.55	14
湖南	4.40	9	3.08	8	8.27	4	0.81	10
广东	2.33	20			2.43	13	8.06	3
广西	2.81	17	0.05	16	1.33	22	56.27	1
海南	0.39	26			0.30	27	3.96	4
重庆	2.05	21	…	25	1.74	19	0.16	20
四川	5.89	5	0.33	15	8.83	3	1.06	8
贵州	2.74	18	0.03	18	3.76	10	0.87	9
云南	3.85	11	0.01	23	2.32	14	15.73	2
西藏	0.16	31			0.18	28		
陕西	2.88	15	1.25	11	2.16	15	…	25
甘肃	2.51	19	1.12	12	2.58	12	0.24	18
青海	0.25	28			1.26	23	…	27
宁夏	0.76	25			0.63	26	…	28
新疆	1.82	22	28.46	1	1.98	17	3.38	6

各地区粮、棉、油、糖产量占全国比重及位次

单位:%

地　区	粮食		棉花		油料		糖料		每公顷产量位次			
	比重	位次	比重	位次	比重	位次	比重	位次	粮食	棉花	油料	糖料
全国总计	**100.00**		**100.00**		**100.00**		**100.00**					
北　京	0.24	28	0.01	22	0.06	30			11	9	3	
天　津	0.29	27	1.11	13	0.02	31			16	10	6	
河　北	5.48	7	9.48	3	4.54	8	0.25	15	20	19	4	24
山　西	1.77	21	1.32	12	0.54	25	0.13	19	31	13	31	18
内蒙古	3.73	12	0.02	19	3.79	9	0.89	7	28	5	23	21
辽　宁	3.00	13	0.01	20	1.75	15	0.05	23	17	14	20	19
吉　林	4.63	9	0.03	18	1.60	17	0.05	22	9	11	18	22
黑龙江	8.20	2			0.89	23	0.90	6	25		30	26
上　海	0.23	29	0.04	16	0.11	29	0.01	24	1	1	14	3
江　苏	6.09	4	4.00	7	5.14	7	0.09	20	3	17	5	10
浙　江	1.49	23	0.44	14	1.37	19	0.66	9	4	6	19	7
安　徽	5.78	6	5.43	6	7.62	5	0.18	17	21	18	8	16
福　建	1.26	24	…	24	0.83	24	0.54	11	12	23	9	5
江　西	3.77	11	1.96	9	3.23	10	0.51	13	10	4	29	13
山　东	8.13	3	14.45	2	10.60	2	…	27	2	12	1	27
河　南	10.15	1	8.11	4	16.90	1	0.23	16	8	20	2	8
湖　北	4.35	10	7.54	5	9.96	3	0.28	14	7	15	16	20
湖　南	5.47	8	3.32	8	5.68	6	0.64	10	5	7	26	11
广　东	2.48	16			2.68	11	10.21	3	14		7	1
广　西	2.76	15	0.03	17	1.33	20	61.17	1	19	21	12	2
海　南	0.35	26			0.29	27	3.90	4	22		13	6
重　庆	2.14	19	…	25	1.29	21	0.09	21	15	25	22	17
四　川	6.02	5	0.23	15	8.30	4	0.77	8	18	22	15	12
贵　州	2.20	17	0.01	21	2.49	12	0.52	12	24	24	28	15
云　南	2.97	14	0.01	23	1.59	18	14.35	2	26	16	27	9
西　藏	0.17	31			0.18	28			13		11	
陕　西	2.13	20	1.35	11	1.72	16	…	25	29	8	21	23
甘　肃	1.71	22	1.50	10	1.86	14	0.17	18	30	3	24	14
青　海	0.19	30			1.16	22	…	26	27		17	25
宁　夏	0.64	25			0.43	26	…	28	23		25	28
新　疆	2.17	18	39.58	1	2.03	13	3.41	5	6	2	10	4

各地区肉、蛋、奶、水产品产量占全国比重及位次

单位:%

地区	肉		蛋		奶		水产品	
	比重	位次	比重	位次	比重	位次	比重	位次
全国总计	**100.00**		**100.00**		**100.00**		**100.00**	
北京	0.62	26	0.56	24	1.80	14	0.11	26
天津	0.52	27	0.72	22	1.84	12	0.65	17
河北	5.58	6	12.89	3	12.34	3	1.96	13
山西	0.91	24	2.75	12	1.98	11	0.06	28
内蒙古	3.06	14	1.78	13	25.01	1	0.21	22
辽宁	5.09	7	9.60	4	3.10	8	7.83	6
吉林	2.96	15	3.60	10	1.19	16	0.32	21
黑龙江	2.45	17	3.72	9	14.32	2	0.74	16
上海	0.34	29	0.23	28	0.62	21	0.60	18
江苏	4.50	11	6.76	5	1.48	15	8.66	4
浙江	2.23	19	1.58	15	0.53	23	8.61	5
安徽	4.74	10	4.31	8	0.54	22	3.58	11
福建	2.29	18	1.05	19	0.42	24	11.09	3
江西	3.61	13	1.51	16	0.30	26	3.93	9
山东	8.94	1	13.76	2	6.91	5	14.73	1
河南	8.04	3	13.97	1	8.07	4	1.05	15
湖北	4.80	9	4.70	7	0.76	19	6.53	7
湖南	6.23	4	3.24	11	0.21	29	3.68	10
广东	5.58	5	1.24	18	0.38	25	13.73	2
广西	4.85	8	0.71	23	0.22	27	5.13	8
海南	0.86	25	0.12	29	0.01	31	2.84	12
重庆	2.45	16	1.31	17	0.21	28	0.40	20
四川	8.27	2	5.26	6	1.84	13	1.96	14
贵州	2.22	20	0.45	26	0.12	30	0.16	25
云南	3.98	12	0.76	21	2.84	9	0.53	19
西藏	0.31	31	0.01	31	0.77	18	…	31
陕西	1.29	22	1.75	14	4.98	6	0.11	27
甘肃	1.08	23	0.51	25	1.01	17	0.02	29
青海	0.35	28	0.06	30	0.68	20	…	30
宁夏	0.33	30	0.27	27	2.17	10	0.16	24
新疆	1.51	21	0.85	20	3.35	7	0.19	23

各地区人均主要农产品占有量

单位：千克

地　区	粮食	棉花	油料	糖料	肉	蛋	奶	水产品
全国人均	**398.7**	**4.8**	**23.6**	**92.2**	**57.3**	**20.5**	**28.0**	**38.3**
北　京	72.3	…	1.0		26.9	8.8	38.4	3.3
天　津	130.0	5.9	0.4		32.2	16.0	55.9	27.2
河　北	415.1	8.6	20.4	4.4	60.6	50.2	65.5	14.3
山　西	275.5	2.5	5.0	4.5	20.4	22.0	21.6	0.9
内蒙古	819.6	0.1	49.5	45.3	96.6	20.2	385.7	4.4
辽　宁	368.6	…	12.8	1.4	90.1	60.9	26.8	92.8
吉　林	898.9	0.1	18.4	2.4	82.6	36.0	16.2	6.0
黑龙江	1 137.8		7.4	28.8	49.0	26.6	139.8	10.0
上　海	63.9	0.1	1.8	0.8	13.7	3.2	12.1	16.1
江　苏	419.4	3.3	21.1	1.5	44.6	24.0	7.2	57.4
浙　江	153.2	0.5	8.4	15.8	32.9	8.4	3.8	85.0
安　徽	500.6	5.6	39.2	3.6	59.1	19.3	3.3	29.9
福　建	184.4	…	7.3	18.2	48.3	7.9	4.3	156.5
江　西	453.5	2.8	23.1	14.0	62.3	9.3	2.5	45.4
山　东	457.1	9.7	35.4	…	72.2	39.8	27.3	79.6
河　南	569.8	5.5	56.3	3.0	64.8	40.4	31.8	5.7
湖　北	404.0	8.4	54.9	6.0	64.2	22.5	4.9	58.4
湖　南	454.0	3.3	28.0	12.2	74.4	13.9	1.2	29.4
广　东	137.1		8.8	130.7	44.3	3.5	1.5	72.9
广　西	302.6	…	8.7	1 552.8	76.5	4.0	1.7	54.0
海　南	218.4		10.6	557.8	76.4	3.7	0.4	168.4
重　庆	399.2	…	14.2	4.1	65.7	12.6	2.8	7.1
四　川	391.4	0.2	32.1	11.5	77.3	17.6	8.4	12.2
贵　州	307.8	…	20.7	16.9	44.7	3.2	1.2	2.1
云　南	346.0	…	11.0	386.5	66.6	4.5	23.2	5.9
西　藏	313.8		20.1		82.9	1.0	99.0	0.2
陕　西	300.3	2.3	14.4	…	26.2	12.7	49.3	1.5
甘　肃	344.3	3.6	22.2	7.8	31.5	5.3	14.3	0.5
青　海	184.8		65.8	0.1	48.3	2.7	45.5	0.3
宁　夏	548.2		22.0	…	40.9	12.0	129.8	13.1
新　疆	537.1	117.7	29.8	195.1	53.4	10.7	58.0	4.4

二、种 植 业

全国主要农作物播种面积和产量增减情况（一）

指　　标	播种面积（千公顷）	总产量（万吨）	每公顷产　量（千克）	比上年增减绝对量		
				播种面积（千公顷）	总产量（万吨）	每公顷产　量（千克）
农作物播种面积	**158 639.3**			**2 373.6**		
粮食作物	**108 985.8**	**53 082.1**	**4 871**	**2 193.1**	**211.2**	**-80**
夏收粮食	27 382.2	12 348.5	4 510	555.6	273.6	9
秋收粮食	75 733.5	37 398.1	4 938	1 475.3	-238.5	-130
谷物	88 401.1	48 156.3	5 447	2 153.3	309.0	-100
稻谷	29 626.9	19 510.3	6 585	385.8	320.7	23
早稻	5 870.1	3 335.5	5 682	162.2	175.9	147
中稻和一季晚稻	17 527.2	12 660.6	7 223	104.5	46.6	-17
双季晚稻	6 229.6	3 514.3	5 641	119.1	98.2	51
小麦	24 290.8	11 511.5	4 739	673.6	265.1	-23
冬小麦	22 422.4	10 797.3	4 815	368.3	154.4	1.45
春小麦	1868.3	714.2	3 823	305.3	110.7	18.33
玉米	31 182.6	16 397.4	5 258	1 318.9	-194.1	-297
谷子	787.9	122.5	1 555	-26.8	-8.1	-48
高粱	559.4	167.7	2 997	69.6	-16.0	-753
其他谷物	1 953.5	447.0	2 288	-267.9	-60.8	
大麦	626.4	231.8	3 701	-167.3	-50.5	144
豆类	11 948.8	1 930.3	1 615	-169.2	-113.0	-71
大豆	9 189.8	1 498.2	1 630	62.8	-56.4	-73
绿豆	693.3	76.9	1 109	-92.8	-13.5	-41
红小豆	154.2	22.4	1 450	-48.5	-9.1	-101
薯类（折粮）	8 635.8	2 995.5	3 469	209.1	15.1	-68
马铃薯	5 080.8	1 464.6	2 883	417.4	49.0	-153

全国主要农作物播种面积和产量增减情况（二）

指　　标	播种面积（千公顷）	总产量（万吨）	每公顷产　量（千克）	比上年增减绝对量		
				播种面积（千公顷）	总产量（万吨）	每公顷产　量（千克）
油料作物	**13 652.1**	**3 154.3**	**2 310**	**826.6**	**201.5**	**8**
花生	4 376.7	1 470.8	3 361	130.9	42.2	-4
油菜籽	7 277.7	1 365.7	1 877	684.0	155.5	41
芝麻	475.9	62.2	1 307	4.3	3.6	64
胡麻籽	336.9	31.8	944	-0.9	-3.2	-91
向日葵	958.7	195.6	2 040	-5.6	16.4	182
棉花	**4 951.8**	**637.7**	**1 288**	**-802.3**	**-111.5**	**-14**
麻类	**159.5**	**38.8**	**2 433**	**-62.0**	**-23.7**	**-389**
黄红麻	24.0	7.5	3 139	-2.2	-0.9	-77
苎麻	109.8	21.2	1 927	-16.3	-3.9	-59
大麻（线麻）	5.9	1.2	2 086	-5.9	-1.8	-470
亚麻	17.7	8.5	4 826	-39.0	-17.2	295
糖料	**1 883.9**	**12 276.6**	**65 167**	**-106.1**	**-1 143.1**	**-2 271**
甘蔗	1 697.5	11 558.7	68 093	-46.0	-856.6	-3 116
甜菜	186.4	717.9	38 517	-60.0	-286.5	-2 237
烟叶	**1 391.9**	**306.6**	**2 203**	**65.9**	**22.8**	**62**
烤烟	1 265.4	281.4	2 224	35.4	19.1	91
药材类	**1 180.9**			**-13.1**		
蔬菜类（含菜用瓜）	**18 414.3**	**61 823.8**	**33 574**	**538.4**	**2 583.5**	**434**
瓜果类（含果用瓜）	**2 334.3**	**8 149.1**	**34 910**	**77.8**	**267.8**	**-16**
西瓜	1 764.8	6 478.5	36 710	31.5	196.3	465
甜瓜	389.9	1 215.3	31 169	28.3	22.0	-1 828
草莓	90.1	220.6	24 479	6.8	20.6	457
其他农作物	**5 684.7**			**-344.8**		
青饲料	2 067.6			-228.4		

各地区农作物总播种面积增减情况

单位：千公顷

地　　区	2009 年	2008 年	2009 年比 2008 年增减	
			绝对量	%
全国总计	**158 639.3**	**156 265.7**	**2 373.6**	**1.52**
北　　京	320.1	322.0	-1.9	-0.58
天　　津	455.2	446.3	8.9	1.99
河　　北	8 682.5	8 713.2	-30.7	-0.35
山　　西	3 717.9	3 726.5	-8.6	-0.23
内 蒙 古	6 927.8	6 860.8	67.0	0.98
辽　　宁	3 919.1	3 716.2	202.9	5.46
吉　　林	5 077.5	4 998.2	79.3	1.59
黑 龙 江	12 129.2	12 088.4	40.8	0.34
上　　海	396.1	388.4	7.7	1.97
江　　苏	7 558.2	7 510.3	47.9	0.64
浙　　江	2 504.8	2 482.4	22.4	0.90
安　　徽	9 036.2	8 976.6	59.6	0.66
福　　建	2 258.0	2 220.7	37.3	1.68
江　　西	5 376.4	5 330.9	45.5	0.85
山　　东	10 778.4	10 764.0	14.4	0.13
河　　南	14 181.4	14 147.4	34.0	0.24
湖　　北	7 527.5	7 298.3	229.2	3.14
湖　　南	8 019.3	7 555.0	464.3	6.15
广　　东	4 476.0	4 404.3	71.7	1.63
广　　西	5 826.5	5 695.6	130.9	2.30
海　　南	829.4	810.6	18.8	2.32
重　　庆	3 308.3	3 215.1	93.2	2.90
四　　川	9 476.6	9 438.9	37.7	0.40
贵　　州	4 780.7	4 619.4	161.3	3.49
云　　南	6 343.9	6 056.2	287.7	4.75
西　　藏	235.1	235.8	-0.7	-0.31
陕　　西	4 154.1	4 165.8	-11.7	-0.28
甘　　肃	3 938.6	3 868.6	70.0	1.81
青　　海	514.1	513.6	0.4	0.09
宁　　夏	1 226.7	1 209.7	17.0	1.40
新　　疆	4 663.8	4 486.7	177.1	3.95

各地区粮食作物播种面积和产量

地区	播种面积（千公顷）	总产量（万吨）	每公顷产量（千克）	比上年增减		
				播种面积（千公顷）	总产量	
					绝对量（万吨）	%
全国总计	**108 985.8**	**53 082.1**	**4 871**	**2 193.2**	**211.2**	**0.40**
北京	226.3	124.8	5 514	…	-0.7	-0.54
天津	306.6	156.3	5 097	13.1	7.4	4.96
河北	6 216.5	2 910.2	4 681	58.4	4.4	0.15
山西	3 146.7	942.0	2 994	35.4	-86.0	-8.37
内蒙古	5 424.0	1 981.7	3 654	169.5	-149.6	-7.02
辽宁	3 124.1	1 591.0	5 093	88.2	-269.3	-14.48
吉林	4 427.7	2 460.0	5 556	36.5	-380.0	-13.38
黑龙江	11 391.0	4 353.0	3 821	402.1	128.0	3.03
上海	193.3	121.7	6 296	18.8	6.0	5.17
江苏	5 272.0	3 230.1	6 127	4.9	54.6	1.72
浙江	1 290.1	789.2	6 117	18.5	13.6	1.75
安徽	6 605.6	3 069.9	4 647	44.5	46.6	1.54
福建	1 231.0	666.9	5 417	20.7	14.6	2.23
江西	3 604.6	2 002.6	5 556	26.5	44.5	2.27
山东	7 030.1	4 316.3	6 140	74.5	55.8	1.31
河南	9 683.6	5 389.0	5 565	83.6	23.5	0.44
湖北	4 012.5	2 309.1	5 755	105.8	81.9	3.68
湖南	4 799.1	2 902.7	6 048	210.3	97.7	3.48
广东	2 538.5	1 314.5	5 178	38.6	71.1	5.72
广西	3 067.5	1 463.2	4 770	94.4	68.5	4.91
海南	430.4	187.6	4 358	9.1	4.1	2.23
重庆	2 229.5	1 137.2	5 101	14.1	-16.0	-1.39
四川	6 419.4	3 194.6	4 976	-11.5	54.6	1.74
贵州	2 984.7	1 168.3	3 914	65.1	10.3	0.89
云南	4 200.1	1 576.9	3 754	104.2	58.3	3.84
西藏	169.4	90.5	5 343	-1.2	-4.5	-4.71
陕西	3 134.0	1 131.4	3 610	8.0	20.4	1.84
甘肃	2 740.0	906.2	3 307	57.0	17.7	1.99
青海	275.7	102.7	3 724	3.7	0.9	0.87
宁夏	826.9	340.7	4 120	0.7	11.5	3.49
新疆	1 984.7	1 152.0	5 804	399.5	221.5	23.80

各地区夏粮作物播种面积和产量

地区	播种面积（千公顷）	总产量（万吨）	每公顷产量（千克）	比上年增减		
				播种面积（千公顷）	总产量	
					绝对量（万吨）	%
全国总计	**27 382.2**	**12 348.5**	**4 510**	**555.6**	**273.6**	**2.27**
北京	60.9	31.1	5 107	-3.1	-1.7	-5.24
天津	110.2	54.0	4 903	2.5	1.5	2.91
河北	2 424.2	1 243.2	5 128	-23.0	6.7	0.55
山西	748.8	212.9	2 843	30.2	-41.9	-16.44
内蒙古						
辽宁	63.4	40.3	6 363	-8.2	-2.7	-6.19
吉林						
黑龙江						
上海	73.4	27.9	3 797	17.0	4.9	21.13
江苏	2 323.5	1 103.2	4 748	1.9	8.7	0.79
浙江	169.8	58.5	3 447	9.4	3.8	7.00
安徽	2 398.6	1 182.2	4 929	11.9	10.2	0.87
福建	83.7	31.6	3 770	7.7	3.5	12.35
江西	59.0	8.0	1 349	-0.6	0.6	7.57
山东	3 546.2	2 047.7	5 774	19.0	12.9	0.63
河南	5 290.0	3 065.0	5 794	3.3	5.0	0.16
湖北	1 227.3	398.5	3 247	19.6	12.3	3.17
湖南	180.0	49.5	2 750	45.1	7.9	18.99
广东	222.6	100.3	4 504	6.7	5.7	5.99
广西	78.5	20.3	2 586	19.4	6.8	50.37
海南	39.4	14.9	3 782	2.2	0.9	6.36
重庆	526.1	155.2	2 949	-20.4	-7.7	-4.75
四川	1 796.9	552.8	3 076	-2.2	-2.8	-0.50
贵州	967.0	226.5	2 342	20.3	9.7	4.46
云南	1 128.3	236.5	2 096	26.6	28.9	13.91
西藏						
陕西	1 319.3	426.0	3 229	2.0	-12.8	-2.92
甘肃	1 111.3	341.3	3 071	-31.1	-10.0	-2.85
青海						
宁夏	248.7	76.3	3 068	4.1	8.4	12.40
新疆	1 185.1	645.0	5 443	395.2	215.0	50.00

各地区秋粮作物播种面积和产量

地区	播种面积（千公顷）	总产量（万吨）	每公顷产量（千克）	比上年增减		
				播种面积（千公顷）	总产量	
					绝对量（万吨）	%
全国总计	**75 733.5**	**37 398.1**	**4 938**	**1 475.3**	**-238.5**	**-0.63**
北京	165.4	93.7	5 663	3.1	1.0	1.07
天津	196.5	102.3	5 205	10.7	5.8	5.97
河北	3 792.3	1 666.9	4 396	81.4	-2.4	-0.14
山西	2 397.8	729.1	3 041	5.1	-44.1	-5.70
内蒙古	5 424.0	1 981.7	3 654	169.5	-149.6	-7.02
辽宁	3 060.7	1 550.7	5 066	96.4	-266.7	-14.67
吉林	4 427.7	2 460.0	5 556	36.5	-380.0	-13.38
黑龙江	11 391.0	4 353.0	3 821	402.1	128.0	3.03
上海	119.9	93.8	7 826	1.7	1.1	1.21
江苏	2 948.6	2 126.9	7 213	3.0	45.9	2.21
浙江	1 005.4	662.8	6 592	-1.5	1.3	0.19
安徽	3 933.0	1 737.3	4 417	24.6	26.8	1.57
福建	933.6	509.8	5 460	11.5	7.5	1.51
江西	2 144.8	1 200.8	5 599	11.9	23.4	1.99
山东	3 483.9	2 268.6	6 512	55.5	42.9	1.93
河南	4 393.6	2 324.0	5 289	80.3	18.5	0.80
湖北	2 427.9	1 702.3	7 012	70.1	59.8	3.64
湖南	3 238.5	2 043.5	6 310	79.2	46.5	2.33
广东	1 371.0	694.8	5 068	20.4	21.4	3.18
广西	2 000.2	889.6	4 448	70.6	30.8	3.59
海南	253.8	102.8	4 050	-1.0	-1.7	-1.63
重庆	1 703.4	982.0	5 765	34.5	-8.3	-0.83
四川	4 621.2	2 641.0	5 715	-9.1	57.5	2.23
贵州	2 017.6	941.8	4 668	44.8	0.6	0.07
云南	3 015.3	1 304.1	4 325	76.4	28.6	2.24
西藏	169.4	90.5	5 343	-1.2	-4.5	-4.71
陕西	1 814.6	705.4	3 887	5.9	33.2	4.94
甘肃	1 628.7	564.9	3 468	88.1	27.7	5.16
青海	275.7	102.7	3 724	3.7	0.9	0.87
宁夏	578.2	264.4	4 573	-3.4	3.0	1.14
新疆	799.7	507.0	6 340	4.4	6.5	1.30

各地区谷物播种面积和产量

地　　区	播种面积（千公顷）	总产量（万吨）	每公顷产量（千克）	比上年增减		
				播种面积（千公顷）	总产量	
					绝对量（万吨）	%
全国总计	**88 401.1**	**48 156.3**	**5 447**	**2 153.1**	**309.0**	**0.65**
北　　京	214.1	121.5	5 676	1.4	…	…
天　　津	292.7	154.1	5 266	9.8	6.8	4.64
河　　北	5 753.0	2 801.8	4 870	104.1	43.3	1.57
山　　西	2 617.1	895.8	3 423	60.5	-52.5	-5.54
内 蒙 古	3 632.3	1 677.2	4 618	114.4	-102.7	-5.77
辽　　宁	2 848.6	1 517.2	5 326	109.4	-242.8	-3.80
吉　　林	3 747.3	2 348.0	6 266	67.8	-357.0	-3.20
黑 龙 江	6 864.3	3 641.7	5 305	444.6	140.2	4.00
上　　海	183.7	119.5	6 506	18.2	5.7	5.00
江　　苏	4 867.7	3 100.3	6 369	10.0	53.1	1.74
浙　　江	1 062.2	716.1	6 742	12.1	10.1	1.43
安　　徽	5 386.2	2 895.9	5 377	62.3	49.2	1.73
福　　建	911.0	532.7	5 848	4.1	7.3	1.40
江　　西	3 311.5	1 916.1	5 786	24.6	43.8	2.34
山　　东	6 620.7	4 088.1	6 175	65.9	48.5	1.20
河　　南	8 839.0	5 159.9	5 838	97.9	33.6	0.65
湖　　北	3 578.8	2 179.8	6 091	95.0	78.6	3.74
湖　　南	4 379.5	2 750.4	6 280	168.1	85.1	3.19
广　　东	2 136.5	1 136.7	5 320	36.6	65.8	6.14
广　　西	2 674.6	1 373.8	5 136	51.4	56.5	4.29
海　　南	336.8	153.9	4 570	9.2	2.9	1.94
重　　庆	1 331.2	813.0	6 107	-5.0	-26.1	-3.11
四　　川	4 789.4	2 632.2	5 496	-35.1	16.6	0.63
贵　　州	1 797.3	922.5	5 133	30.4	15.5	1.71
云　　南	3 005.9	1 274.4	4 240	62.0	37.7	3.05
西　　藏	162.2	87.8	5 411	-0.8	-4.1	-4.48
陕　　西	2 598.8	1 012.9	3 898	6.0	33.9	3.46
甘　　肃	1 889.3	681.1	3 605	91.6	44.0	6.90
青　　海	146.8	53.6	3 652	-0.5	-1.1	-2.03
宁　　夏	561.5	298.4	5 314	28.4	15.5	5.47
新　　疆	1 861.3	1 099.8	5 909	408.8	201.6	22.44

各地区稻谷播种面积和产量

地区	播种面积（千公顷）	总产量（万吨）	每公顷产量（千克）	比上年增减		
				播种面积（千公顷）	总产量	
					绝对量（万吨）	%
全国总计	**29 626.9**	**19 510.3**	**6 585**	**385.8**	**320.7**	**1.67**
北京	0.4	0.2	6 316	-0.1	-0.1	-20.00
天津	16.0	11.3	7 018	1.0	0.8	7.14
河北	85.1	57.5	6 751	3.6	1.9	3.33
山西	1.1	0.5	4 386	…	0.4	400.00
内蒙古	101.8	64.8	6 365	3.9	-5.7	-8.10
辽宁	656.7	506.0	7 705	-2.0	0.4	0.08
吉林	660.4	505.0	7 647	1.7	-74.0	-12.78
黑龙江	2 460.8	1 574.5	6 398	70.1	56.5	3.72
上海	108.5	90.0	8 297	-0.1	0.7	0.80
江苏	2 233.2	1 802.9	8 073	0.7	31.0	1.72
浙江	938.7	666.7	7 102	1.2	6.3	0.95
安徽	2 246.9	1 405.6	6 256	28.0	22.1	1.60
福建	864.6	515.3	5 960	3.4	6.5	1.28
江西	3 282.1	1 905.9	5 807	26.5	43.8	2.35
山东	134.6	112.0	8 321	3.9	1.6	1.46
河南	611.3	451.0	7 378	6.6	7.9	1.78
湖北	2 045.1	1 591.9	7 784	66.2	58.2	3.80
湖南	4 047.2	2 578.6	6 371	115.2	50.6	2.00
广东	1 959.7	1 058.1	5 399	12.8	54.8	5.46
广西	2 125.0	1 145.9	5 392	5.8	38.3	3.46
海南	317.7	145.9	4 593	7.7	2.1	1.48
重庆	682.0	511.3	7 497	8.5	-18.1	-3.42
四川	2 027.1	1 520.2	7 499	-8.8	22.6	1.51
贵州	698.2	453.2	6 490	7.1	-7.9	-1.72
云南	1 039.8	636.2	6 119	22.3	15.2	2.45
西藏	1.0	0.5	5 200	…	…	4.00
陕西	125.3	82.5	6 582	0.7	-0.6	-0.72
甘肃	5.7	3.9	6 878	0.1	0.1	2.63
青海						
宁夏	78.2	64.6	8 250	-2.1	-1.9	-2.79
新疆	72.5	48.3	6 665	1.7	7.3	17.85

各地区早稻播种面积和产量

地区	播种面积（千公顷）	总产量（万吨）	每公顷产量（千克）	比上年增减		
				播种面积（千公顷）	总产量	
					绝对量（万吨）	%
全国总计	**5 870.1**	**3 335.5**	**5 682**	**162.2**	**175.9**	**5.57**
北京						
天津						
河北						
山西						
内蒙古						
辽宁						
吉林						
黑龙江						
上海						
江苏						
浙江	114.9	67.9	5 908	10.6	8.5	14.26
安徽	273.9	150.4	5 492	7.9	9.6	6.84
福建	213.7	125.5	5 874	1.5	3.5	2.88
江西	1 400.8	793.8	5 667	15.3	20.5	2.65
山东						
河南						
湖北	357.4	208.3	5 829	16.3	9.9	5.00
湖南	1 380.6	809.7	5 865	86.0	43.3	5.65
广东	944.9	519.4	5 497	11.4	44.0	9.26
广西	988.8	553.3	5 596	4.4	30.9	5.92
海南	137.3	69.9	5 094	7.9	4.9	7.57
重庆						
四川	1.3	0.8	6 154	-0.2	-0.1	-11.11
贵州	0.1	…	5 714	…	…	
云南	56.5	36.4	6 447	1.2	0.9	2.54
西藏						
陕西						
甘肃						
青海						
宁夏						
新疆						

各地区中稻和一季晚稻播种面积和产量

地区	播种面积（千公顷）	总产量（万吨）	每公顷产量（千克）	比上年增减		
				播种面积（千公顷）	总产量	
					绝对量（万吨）	%
全国总计	**17 527.2**	**12 660.6**	**7 223**	**104.5**	**46.6**	**0.37**
北京	0.4	0.2	6 316	-0.1	-0.1	-20.00
天津	16.0	11.3	7 018	1.0	0.7	7.04
河北	85.1	57.5	6 751	3.6	1.9	3.40
山西	1.1	0.5	4 386	…	0.4	257.14
内蒙古	101.8	64.8	6 365	3.9	-5.7	-8.09
辽宁	656.7	506.0	7 705	-2.0	0.4	0.08
吉林	660.4	505.0	7 647	1.7	-74.0	-12.78
黑龙江	2 460.8	1 574.5	6 398	70.1	56.5	3.72
上海	108.5	90.0	8 297	-0.1	0.7	0.81
江苏	2 229.2	1 800.1	8 075	0.8	31.2	1.77
浙江	666.3	498.1	7 475	-24.9	-11.8	-2.31
安徽	1 681.6	1 111.5	6 610	11.8	9.1	0.82
福建	445.7	276.1	6 196	8.9	9.1	3.43
江西	392.5	262.8	6 695	-8.9	-5.2	-1.95
山东	134.6	112.0	8 321	3.9	1.6	1.44
河南	611.3	451.0	7 378	6.6	7.9	1.78
湖北	1 271.4	1 132.8	8 909	43.2	43.5	4.00
湖南	1 208.5	850.3	7 036	-38.3	-32.8	-3.71
广东						
广西	145.2	84.7	5 833	-5.7	-3.0	-3.42
海南						
重庆	682.0	511.3	7 497	8.5	-18.1	-3.42
四川	2 025.1	1 519.0	7 501	-8.1	23.0	1.54
贵州	692.6	449.6	6 492	7.0	-8.0	-1.75
云南	967.5	591.7	6 116	20.8	14.2	2.46
西藏	1.0	0.5	5 200	…	…	1.96
陕西	125.3	82.5	6 582	0.7	-0.6	-0.72
甘肃	5.7	3.9	6 878	0.1	0.1	2.09
青海						
宁夏	78.2	64.6	8 250	-2.1	-1.8	-2.76
新疆	72.5	48.3	6 665	1.7	7.3	17.88

各地区双季晚稻播种面积和产量

地区	播种面积（千公顷）	总产量（万吨）	每公顷产量（千克）	比上年增减		
				播种面积（千公顷）	总产量	
					绝对量（万吨）	%
全国总计	**6 229.6**	**3 514.3**	**5 641**	**119.1**	**98.2**	**2.87**
北京						
天津						
河北						
山西						
内蒙古						
辽宁						
吉林						
黑龙江						
上海						
江苏	4.1	2.8	6 988	-0.2	-0.2	-7.82
浙江	157.5	100.7	6 393	15.6	9.5	10.42
安徽	291.3	143.7	4 932	8.2	3.4	2.44
福建	205.2	113.7	5 539	-7.0	-6.2	-5.14
江西	1 488.7	849.3	5 705	20.1	28.5	3.47
山东						
河南						
湖北	416.3	250.8	6 026	6.6	4.8	1.95
湖南	1 458.1	918.6	6 300	67.5	40.1	4.56
广东	1 014.8	538.7	5 309	1.4	10.8	2.05
广西	991.0	507.9	5 125	7.1	10.4	2.09
海南	180.5	76.0	4 212	-0.1	-2.9	-3.64
重庆						
四川	0.7	0.4	5 714	-0.5	-0.3	-42.86
贵州	5.6	3.5	6 268	0.1	0.1	2.93
云南	15.9	8.1	5 098	0.3	0.1	1.76
西藏						
陕西						
甘肃						
青海						
宁夏						
新疆						

各地区小麦播种面积和产量

地区	播种面积（千公顷）	总产量（万吨）	每公顷产量（千克）	比上年增减		
				播种面积（千公顷）	总产量	
					绝对量（万吨）	%
全国总计	**24 290.8**	**11 511.5**	**4 739**	**673.7**	**265.1**	**2.36**
北京	60.6	31.0	5 118	-3.3	-1.7	-5.20
天津	110.2	54.0	4 903	2.5	1.5	2.91
河北	2 394.5	1 229.8	5 136	-21.6	7.9	0.64
山西	727.5	211.1	2 902	30.1	-41.9	-16.56
内蒙古	528.2	171.2	3 241	76.0	17.2	11.18
辽宁	8.8	4.5	5 114	-1.5	-0.4	-8.16
吉林	4.1	1.0	2 439	-1.6	-0.8	-44.44
黑龙江	293.1	116.3	3 969	54.3	26.8	29.97
上海	57.6	22.1	3 838	13.4	3.9	21.54
江苏	2 077.6	1 004.4	4 834	4.5	6.2	0.62
浙江	60.4	23.2	3 850	6.1	2.0	9.62
安徽	2 355.3	1 177.2	4 998	8.6	9.3	0.79
福建	3.8	1.1	2 930	-0.6	-0.4	-25.33
江西	9.9	1.9	1 922	-0.3	…	0.53
山东	3 545.2	2 047.3	5 775	20.0	13.1	0.64
河南	5 263.3	3 056.0	5 806	3.3	5.0	0.16
湖北	993.4	331.7	3 339	-7.2	2.5	0.75
湖南	28.4	6.4	2 254	14.8	3.2	100.00
广东	0.8	0.2	2 857	…	…	20.00
广西	4.0	0.6	1 500	0.3	0.1	20.00
海南						
重庆	168.2	51.7	3 072	-20.8	-6.5	-11.20
四川	1 277.5	423.3	3 314	-9.0	-3.5	-0.82
贵州	262.9	44.5	1 693	0.5	1.7	4.02
云南	432.4	92.3	2 135	7.4	9.2	11.07
西藏	36.8	24.6	6 681	-0.5	-1.2	-4.81
陕西	1 146.0	383.1	3 343	6.0	-8.4	-2.15
甘肃	963.9	261.1	2 709	60.4	-7.0	-2.61
青海	104.1	39.0	3 749	-0.3	-3.0	-7.05
宁夏	218.5	73.6	3 367	14.2	9.5	14.76
新疆	1 153.9	627.2	5 435	418.1	220.6	54.28

各地区冬小麦播种面积和产量

地区	播种面积（千公顷）	总产量（万吨）	每公顷产量（千克）	比上年增减		
				播种面积（千公顷）	总产量	
					绝对量（万吨）	%
全国总计	**22 422.4**	**10 797.3**	**4 815**	**368.3**	**154.4**	**1.45**
北京	60.5	31.0	5 119	-3.4	-1.8	-5.47
天津	102.3	50.6	4 941	-0.4	0.3	0.54
河北	2 391.0	1 228.3	5 137	-21.7	7.9	0.64
山西	726.9	210.9	2 902	30.1	-41.9	-16.58
内蒙古						
辽宁						
吉林						
黑龙江						
上海	57.6	22.1	3 838	13.5	3.9	21.54
江苏	2 077.6	1 004.4	4 834	4.5	6.2	0.62
浙江	60.4	23.2	3 850	6.0	2.0	9.57
安徽	2 355.3	1 177.2	4 998	8.6	9.3	0.79
福建	3.8	1.1	2 930	-0.6	-0.3	-23.82
江西	9.9	1.9	1 922	-0.3	…	1.06
山东	3 545.1	2 047.2	5 775	20.0	13.1	0.65
河南	5 263.3	3 056.0	5 806	3.3	5.0	0.16
湖北	993.4	331.7	3 339	-7.2	2.5	0.75
湖南	28.4	6.4	2 254	14.8	3.2	100.00
广东	0.8	0.2	2 857	…	…	…
广西						
海南						
重庆	168.2	51.7	3 072	-20.7	-6.5	-11.20
四川	1 268.4	421.6	3 324	-8.9	-3.2	-0.75
贵州	262.9	44.5	1 693	0.5	1.7	3.99
云南	430.1	91.6	2 130	7.3	9.2	11.15
西藏	26.9	19.5	7 251	-1.6	0.2	0.88
陕西	1 146.0	383.1	3 343	6.0	-8.4	-2.15
甘肃	617.5	146.8	2 377	3.9	-7.7	-4.98
青海						
宁夏	81.2	19.8	2 442	8.1	6.7	51.18
新疆	745.1	426.5	5 724	310.4	153.7	56.32

各地区春小麦播种面积和产量

地区	播种面积（千公顷）	总产量（万吨）	每公顷产量（千克）	比上年增减		
				播种面积（千公顷）	总产量	
					绝对量（万吨）	%
全国总计	**1 868.3**	**714.2**	**3 823**	**305.3**	**110.7**	**18.33**
北京	0.1	0.1				
天津	7.9	3.5	4 409	2.9	1.3	59.17
河北	3.5	1.5	4 368	…	…	2.70
山西	0.6	0.2	3 387	…	…	16.67
内蒙古	528.2	171.2	3 241	76.0	17.2	11.18
辽宁	8.8	4.5	5 114	-1.5	-0.4	-8.72
吉林	4.1	1.0	2 439	-1.6	-0.8	-44.13
黑龙江	293.1	116.3	3 969	54.3	26.8	29.97
上海						
江苏						
浙江						
安徽						
福建						
江西						
山东	0.1	0.1	5 714	…	…	-20.00
河南						
湖北						
湖南						
广东						
广西	4.0	0.6	1 500			
海南						
重庆						
四川	9.1	1.7	1 868	-0.1	-0.3	-15.00
贵州						
云南	2.3	0.7	2 944	0.1	0.1	9.68
西藏	9.9	5.1	5 136	1.0	-1.4	-21.21
陕西						
甘肃	346.3	114.3	3 300	56.5	0.7	0.62
青海	104.1	39.0	3 749	-0.3	-3.0	-7.11
宁夏	137.3	53.7	3 914	6.1	2.8	5.46
新疆	408.8	200.7	4 909	107.7	50.08	50.08

各地区玉米播种面积和产量

地区	播种面积（千公顷）	总产量（万吨）	每公顷产量（千克）	比上年增减		
				播种面积（千公顷）	总产量	
					绝对量（万吨）	%
全国总计	**31 182.6**	**16 397.4**	**5 258**	**1 318.8**	**-194.1**	**-1.17**
北京	150.8	89.8	5 954	4.6	1.8	2.00
天津	165.9	88.7	5 349	6.1	4.4	5.27
河北	2 950.5	1 465.2	4 966	109.4	23.0	1.60
山西	1 451.2	654.3	4 508	72.6	-28.5	-4.18
内蒙古	2 451.2	1 341.3	5 472	111.2	-69.4	-4.92
辽宁	1 964.1	963.1	4 904	79.2	-225.9	-19.00
吉林	2 957.2	1 810.0	6 121	34.7	-273.0	-13.11
黑龙江	4 010.2	1 920.2	4 788	416.3	98.2	5.39
上海	4.2	2.4	5 755	0.6	0.3	14.29
江苏	399.8	216.2	5 406	1.3	13.2	6.49
浙江	27.0	11.7	4 310	1.1	0.5	4.95
安徽	730.7	304.7	4 170	25.6	18.1	6.32
福建	37.9	14.6	3 843	0.9	0.9	7.06
江西	16.1	7.3	4 531	0.5	0.7	10.45
山东	2 917.3	1 921.5	6 587	43.1	34.1	1.81
河南	2 895.4	1 634.0	5 643	75.4	19.0	1.18
湖北	507.3	244.1	4 812	36.9	17.7	7.83
湖南	282.0	159.9	5 670	40.7	31.9	24.92
广东	166.7	74.7	4 481	23.3	11.2	17.64
广西	534.6	225.2	4 212	44.9	18.0	8.69
海南	18.7	8.0	4 248	1.3	1.0	13.57
重庆	459.1	244.5	5 324	3.5	-1.6	-0.63
四川	1 334.4	643.0	4 819	10.6	6.0	0.94
贵州	751.5	405.2	5 392	16.9	14.0	3.58
云南	1 354.2	542.7	4 007	28.4	13.1	2.47
西藏	4.0	2.6	6 343	…	0.4	15.91
陕西	1 164.0	526.1	4 520	6.4	42.5	8.79
甘肃	657.8	312.6	4 752	100.6	47.2	17.78
青海	5.3	4.3	8 190	3.2	2.5	138.89
宁夏	215.1	156.4	7 271	6.6	6.5	4.32
新疆	598.4	403.4	6 741	12.9	-21.9	-5.15

各地区谷子播种面积和产量

地　　区	播种面积（千公顷）	总产量（万吨）	每公顷产量（千克）	比上年增减		
				播种面积（千公顷）	总产量	
					绝对量（万吨）	%
全国总计	**787.9**	**122.5**	**1 555**	**-26.8**	**-8.1**	**-6.18**
北　京	1.6	0.3	1 962	…	…	
天　津	0.1	…	3 333	…	…	
河　北	146.2	37.2	2 544	-27.3	4.7	14.58
山　西	199.7	15.7	788	-25.4	9.1	137.61
内蒙古	149.6	14.4	960	6.0	-15.9	-52.53
辽　宁	87.4	15.1	1 728	11.3	-5.3	-25.94
吉　林	17.7	3.0	1 678	6.2		…
黑龙江	25.4	4.5	1 752	-5.0	-0.6	-1.00
上　海						
江　苏	0.1	…	1 480			
浙　江						
安　徽	0.1	…	402			
福　建	0.2	…	2 964	…	…	
江　西						
山　东	14.7	4.4	3 014	-0.4	-0.1	-1.99
河　南	38.0	11.0	2 898	3.5	0.6	5.77
湖　北	0.1	…	1 250	…	…	-80.00
湖　南						
广　东	0.3	0.1	2 333	-0.1	…	-36.36
广　西	2.7	0.7	2 593	0.3	0.1	16.67
海　南						
重　庆						
四　川						
贵　州	1.7	0.2	1 420	-0.2	0.1	28.04
云　南	0.3	…	400	…	…	…
西　藏						
陕　西	77.7	12.3	1 584	2.7	1.2	11.01
甘　肃	18.4	2.9	1 554	-1.4	-0.3	-10.06
青　海						
宁　夏	5.6	0.4	639	4.0	0.3	300.00
新　疆	0.6	0.3	5 323	-0.8	0.1	57.14

各地区高粱播种面积和产量

地区	播种面积（千公顷）	总产量（万吨）	每公顷产量（千克）	比上年增减		
				播种面积（千公顷）	总产量	
					绝对量（万吨）	%
全国总计	**559.4**	**167.7**	**2 997**	**69.6**	**-16.0**	**-8.71**
北京	0.3	0.1	2 813	…	…	-10.00
天津	0.4	0.1	1 795	0.1	…	40.00
河北	18.4	5.2	2 803	-4.7	0.8	8.89
山西	27.8	4.1	1 457	-5.9	2.4	151.55
内蒙古	124.9	38.5	3 087	12.2	-11.2	-22.44
辽宁	95.2	22.9	2 405	22.5	-9.0	-28.21
吉林	89.3	25.0	2 800	19.4	-10.9	-30.34
黑龙江	63.2	21.6	3 424	14.3	4.6	27.29
上海						
江苏	0.1	…	2 883			
浙江						
安徽	1.1	0.2	1 824	…	…	0.30
福建	1.5	0.6	4 194	…	…	6.83
江西	1.0	0.4	4 020	-1.7	-0.6	-58.16
山东	6.6	2.1	3 191	…	-0.1	-5.00
河南	4.0	0.4	932	0.2	…	-2.63
湖北	3.3	1.3	3 909	0.3	0.1	11.21
湖南	3.5	1.4	4 000	0.1	0.1	7.69
广东	0.1	…	2 500	-0.1	…	-60.00
广西	2.5	0.7	2 800	0.1	…	…
海南	0.1	…	4 186	…	-0.1	-83.33
重庆	12.9	3.5	2 727	2.5	-0.1	-3.84
四川	41.5	17.2	4 145	6.0	2.7	8.62
贵州	34.3	10.9	3 175	9.2	5.4	99.74
云南	2.4	0.2	882	…	…	5.00
西藏						
陕西	9.1	2.9	3 186	-3.5	-0.6	-17.09
甘肃	13.2	6.7	5 083	-1.5	…	-0.15
青海						
宁夏	0.2	…	1 364	…	…	200.00
新疆	2.7	1.6	6 000	0.1	0.3	19.55

各地区其他谷物播种面积和产量

地区	播种面积（千公顷）	总产量（万吨）	每公顷产量（千克）	比上年增减		
				播种面积（千公顷）	总产量	
					绝对量（万吨）	%
全国总计	**1 953.5**	**447.0**	**2 288**	**-267.9**	**-60.8**	**-11.98**
北京	0.5	0.1	2 222	0.2	…	66.67
天津	0.1	…		0.1		
河北	158.4	7.0	441	44.7	4.9	233.97
山西	209.8	10.2	484	-11.0	6.0	143.99
内蒙古	276.6	47.0	1 700	-95.0	-17.8	-27.41
辽宁	36.4	5.6	1 538	-0.1	-2.6	-31.54
吉林	18.6	4.0	2 167	7.4	1.7	71.49
黑龙江	11.6	4.5	3 914	-105.3	-45.5	-90.92
上海	13.4	5.0	3 713	4.2	0.8	18.38
江苏	156.9	76.8	4 895	3.5	2.7	3.63
浙江	36.1	14.6	4 039	3.7	1.3	9.71
安徽	52.1	8.3	1 584	0.1	-0.3	-3.47
福建	3.1	1.0	3 421	0.5	0.2	26.88
江西	2.4	0.6	2 583	-0.2	-0.1	-7.46
山东	2.3	0.8	3 261	-0.7	-0.1	-13.79
河南	27.0	7.5	2 776	8.8	1.1	17.74
湖北	29.7	10.8	3 642	-1.1	0.2	1.50
湖南	18.4	4.1	2 228	-2.7	-0.7	-14.58
广东	8.9	3.5	3 946	0.8	-0.2	-5.63
广西	5.8	0.7	1 207	…	…	…
海南	0.3	…	768	0.1	…	-40.00
重庆	9.0	2.0	2 263	1.1	0.2	10.93
四川	108.9	28.5	2 617	-33.9	-11.2	-28.21
贵州	48.7	8.5	1 751	-3.1	2.2	35.55
云南	176.8	3.0	167	3.8	0.1	2.42
西藏	120.5	60.2	4 993	-0.2	-3.2	-5.07
陕西	76.7	6.0	784	-6.2	-0.2	-3.32
甘肃	230.3	93.9	4 078	-66.5	4.0	4.45
青海	37.4	10.3	2 742	-3.4	-0.7	-6.05
宁夏	43.8	3.5	799	5.6	1.1	47.68
新疆	33.3	19.0	5 711	-23.1	-4.9	-20.38

各地区大麦播种面积和产量

地　区	播种面积（千公顷）	总产量（万吨）	每公顷产量（千克）	比上年增减		
				播种面积（千公顷）	总产量	
					绝对量（万吨）	%
全国总计	**626.4**	**231.8**	**3 701**	**-167.3**	**-50.5**	**-17.89**
北　京						
天　津						
河　北	0.1	…				
山　西						
内蒙古	81.5	31.3	3 846	-52.8	3.5	12.57
辽　宁						
吉　林	0.2			0.2		
黑龙江	6.8	3.0	4 426	-69.6	-33.0	-91.64
上　海	13.4	5.0	3 713	4.2	0.8	18.38
江　苏	151.6	74.8	4 936	3.1	2.5	3.49
浙　江	27.2	11.3	4 145	3.6	1.2	12.14
安　徽	49.8	8.2	1 641	-0.1	-0.3	-3.29
福　建	0.9	0.3	2 867	0.1	…	4.75
江　西	0.3	0.1	1 786	-0.1	-0.5	-91.07
山　东	0.4	0.2	4 500	-0.5	-0.1	-35.71
河　南	25.2	7.4	2 929	7.0	1.0	15.86
湖　北	28.6	10.6	3 709	-1.2	1.0	10.17
湖　南	2.2	0.4	1 818	-0.1	-0.1	-20.00
广　东						
广　西						
海　南						
重　庆	2.2	0.7	3 163	0.2	-0.3	-30.61
四　川	32.1	14.6	4 548	-6.1	-3.0	-17.05
贵　州	3.7	0.6	1 689	-0.3	0.2	57.75
云　南	87.9	1.8	207	1.9	…	2.25
西　藏	0.1	…		…	…	-20.00
陕　西	1.4	0.6	4 000	-0.8	-0.2	-21.13
甘　肃	78.2	42.5	5 435	-33.2	-17.8	-29.46
青　海						
宁　夏	1.4	0.6		0.1	…	…
新　疆	31.2	17.9	5 725	-23.0	-5.6	-23.95

各地区豆类播种面积和产量

地区	播种面积（千公顷）	总产量（万吨）	每公顷产量（千克）	比上年增减		
				播种面积（千公顷）	总产量	
					绝对量（万吨）	%
全国总计	**11 948.8**	**1 930.3**	**1 615**	**-169.2**	**-113.0**	**-5.53**
北京	9.5	1.6	1 698	-1.1	-0.5	-21.84
天津	13.0	1.7	1 318	3.1	0.5	36.80
河北	219.3	34.9	1 593	-30.3	-11.0	-23.88
山西	336.4	21.5	640	-11.3	-13.2	-38.04
内蒙古	1 124.5	143.2	1 273	87.2	-12.5	-8.02
辽宁	183.6	32.1	1 748	-20.3	-20.8	-39.26
吉林	581.0	85.0	1 463	-37.7	-21.6	-20.26
黑龙江	4 251.4	618.5	1 455	-73.0	-48.5	-7.27
上海	8.5	1.9	2 229	0.5	0.3	16.67
江苏	337.8	87.2	2 581	-5.5	0.6	0.69
浙江	129.6	31.2	2 407	-0.3	0.6	2.06
安徽	1 050.3	127.2	1 211	-18.2	-2.7	-2.09
福建	75.4	18.0	2 394	2.0	0.8	4.43
江西	154.0	26.9	1 747	-6.3	0.2	0.60
山东	171.0	41.9	2 449	-4.0	…	-0.07
河南	529.3	93.0	1 757	-21.7	-3.2	-3.33
湖北	195.8	44.5	2 271	-11.0	-0.5	-1.18
湖南	167.0	38.1	2 281	11.4	2.9	8.24
广东	79.5	18.1	2 274	-1.1	0.1	0.44
广西	158.6	25.6	1 614	13.8	2.6	11.30
海南	7.8	1.9	2 406	0.1	0.1	3.19
重庆	204.5	39.8	1 948	7.3	2.1	5.43
四川	444.2	100.3	2 258	-35.3	-16.0	-13.76
贵州	311.2	36.9	1 186	1.1	0.7	2.02
云南	573.8	130.4	2 272	8.7	18.2	16.27
西藏	6.7	2.4	3 649	-0.4	-0.2	-8.30
陕西	227.3	46.5	2 046	-1.6	-3.4	-6.89
甘肃	207.2	33.7	1 627	-20.7	-3.1	-8.30
青海	42.3	10.8	2 553	3.2	-0.1	-0.74
宁夏	47.8	3.3	682	-12.0	-0.8	-20.49
新疆	100.8	32.2	3 199	4.4	15.5	93.11

各地区大豆播种面积和产量

地区	播种面积（千公顷）	总产量（万吨）	每公顷产量（千克）	比上年增减		
				播种面积（千公顷）	总产量	
					绝对量（万吨）	%
全国总计	**9 189.8**	**1 498.2**	**1 630**	**62.8**	**-56.4**	**-3.63**
北京	8.4	1.5	1 784	-1.0	-0.4	-21.58
天津	12.5	1.6	1 284	3.0	0.4	34.17
河北	165.8	28.5	1 718	-21.8	-9.6	-25.25
山西	195.3	13.8	708	-9.4	-9.1	-39.61
内蒙古	840.2	114.4	1 362	172.2	8.3	7.86
辽宁	164.1	30.0	1 828	-16.9	-18.8	-38.52
吉林	437.4	82.0	1 875	-19.7	-8.6	-9.49
黑龙江	4 007.8	591.9	1 477	-28.7	-28.6	-4.61
上海	4.4	1.0	2 182	-0.6	-0.1	-4.00
江苏	233.0	60.9	2 613	0.2	0.7	1.13
浙江	55.5	13.6	2 445	1.1	0.5	3.66
安徽	970.0	124.7	1 285	-18.4	-3.1	-2.46
福建	59.1	14.1	2 378	3.3	1.0	7.25
江西	99.5	19.7	1 980	-3.1	0.4	2.12
山东	161.2	39.6	2 454	-5.9	-0.6	-1.37
河南	467.0	86.0	1 842	-19.1	-2.7	-3.04
湖北	105.4	25.6	2 429	-6.9	-0.4	-1.58
湖南	89.3	21.7	2 430	1.1	0.8	3.83
广东	59.8	13.6	2 271	-2.2	-0.3	-2.23
广西	101.1	16.7	1 652	11.8	2.1	14.38
海南	3.4	0.8	2 340	0.2	…	
重庆	85.9	17.0	1 983	4.2	1.6	10.65
四川	221.2	50.4	2 278	12.6	-0.2	-0.40
贵州	131.9	15.9	1 204	6.1	-0.7	-4.40
云南	130.8	29.1	2 221	1.9	2.9	10.92
西藏	0.1	0.1	4 615	-0.2	…	
陕西	187.3	42.4	2 261	-2.2	-3.6	-7.91
甘肃	91.3	14.3	1 566	-8.5	-1.0	-6.60
青海						
宁夏	16.4	1.0	611	-4.7	…	…
新疆	84.7	26.5	3 132	14.2	12.8	93.65

各地区绿豆播种面积和产量

地区	播种面积（千公顷）	总产量（万吨）	每公顷产量（千克）	比上年增减		
				播种面积（千公顷）	总产量	
					绝对量（万吨）	%
全国总计	**693.3**	**76.9**	**1 109**	**-92.8**	**-13.5**	**-14.96**
北京	0.3	…	800	…		
天津	0.2	…	952	0.1		
河北	15.5	1.4	928	-2.6	-0.4	-22.99
山西	45.6	3.6	783	-0.6	0.4	12.26
内蒙古	172.3	12.1	703	-55.4	-16.7	-57.95
辽宁	8.5	0.7	776	-2.2	-1.1	-62.71
吉林	133.7	15.0	1 122	1.4	3.2	27.12
黑龙江	30.2	3.2	1 066	-13.3	-1.0	-23.33
上海						
江苏	4.2	1.0	2 411	0.1	…	4.08
浙江	2.8	0.6	2 100	-0.1	…	1.72
安徽	63.1	2.0	323	0.3	…	1.82
福建	2.8	0.5	1 970	-0.2	…	-8.16
江西	8.9	1.5	1 622	-0.1	…	-2.68
山东	5.8	1.3	2 284	0.8	0.2	17.86
河南	58.1	6.4	1 102	-2.8	-0.5	-7.78
湖北	19.1	3.8	1 976	-0.4	0.5	13.51
湖南	23.7	5.8	2 447	-1.1	0.7	13.73
广东	2.9	0.6	2 215	0.4	0.1	28.00
广西	13.1	2.7	2 061	0.8	0.3	12.50
海南	0.7	0.2	2 192	0.1	…	43.72
重庆	19.6	4.4	2 257	-1.0	0.7	17.51
四川	17.5	3.3	1 886	-11.9	-1.1	-25.00
贵州	5.3	0.7	1 407	1.8	0.4	123.09
云南	4.4	0.8	1 724	0.1	…	5.63
西藏						
陕西	30.6	3.2	1 031	-3.5	-0.2	-4.55
甘肃	0.4	0.1	2 093	0.1	…	50.00
青海						
宁夏						
新疆	4.1	2.0	4 816	-3.6	0.9	84.91

各地区红小豆播种面积和产量

地 区	播种面积（千公顷）	总产量（万吨）	每公顷产量（千克）	比上年增减		
				播种面积（千公顷）	总产量 绝对量（万吨）	总产量 %
全国总计	**154.2**	**22.4**	**1 450**	**-48.5**	**-9.1**	**-28.86**
北 京	0.8	0.1	1 026	-0.1	…	-20.00
天 津	0.1	…	769	…		
河 北	9.5	0.8	871	-2.9	-0.6	-42.36
山 西	8.3	0.6	758	0.3	0.1	28.57
内 蒙 古	22.3	2.4	1 066	-7.7	-1.8	-42.37
辽 宁	5.6	0.5	929	-1.0	-0.7	-57.02
吉 林	10.2	2.0	1 961	-0.3	-0.9	-31.03
黑 龙 江	35.4	5.5	1 559	-30.5	-5.6	-50.27
上 海						
江 苏	9.1	2.4	2 618	0.2	0.1	3.48
浙 江	2.9	0.6	2 075	-0.1	…	1.67
安 徽	5.0	0.2	313	0.1	…	4.60
福 建	1.2	0.2	1 899	…	…	9.97
江 西						
山 东	0.9	0.2	1 818	-0.3	-0.1	-27.27
河 南	3.7	0.4	1 070	-0.4	-0.1	-24.53
湖 北	5.0	0.9	1 747	0.4	0.3	50.00
湖 南	0.4	0.1	2 500	…	…	…
广 东	1.7	0.4	2 169	0.3	0.1	24.14
广 西	0.3			0.1		
海 南	0.5	0.1	2 238	-0.4	-0.1	-55.14
重 庆	5.0	1.2	2 371	0.1	-0.4	-24.68
四 川	3.1	0.5	1 613	-2.6	-0.2	-28.57
贵 州	4.8	0.8	1 653	2.4	0.6	230.06
云 南	6.8	0.9	1 313	0.1	0.1	9.88
西 藏						
陕 西	4.5	0.6	1 384	-0.9	…	-4.62
甘 肃	3.7	0.3	697	-0.3	0.2	550.00
青 海						
宁 夏						
新 疆	3.4	0.8	2 274	-5.1	…	-6.02

各地区薯类播种面积和产量

地　区	播种面积（千公顷）	总产量（万吨）	每公顷产量（千克）	比上年增减		
				播种面积（千公顷）	总产量	
					绝对量（万吨）	%
全国总计	**8 635.8**	**2 995.5**	**3 469**	**209.0**	**15.1**	**0.51**
北　京	2.8	1.7	6 036	-0.3	-0.2	-12.63
天　津	1.0	0.5	4 545	0.2	0.1	50.00
河　北	244.2	73.4	3 006	-15.4	-28.0	-27.60
山　西	193.2	24.7	1 276	-13.8	-20.2	-45.08
内蒙古	667.2	161.3	2 417	-32.1	-34.4	-17.59
辽　宁	91.9	41.7	4 538	-0.9	-5.8	-12.21
吉　林	99.4	27.0	2 716	6.4	-1.4	-4.93
黑龙江	275.3	92.9	3 372	30.4	36.4	64.34
上　海	1.1	0.3	2 655	0.1	…	…
江　苏	66.6	42.6	6 399	0.4	0.9	2.13
浙　江	98.3	41.8	4 255	6.6	2.8	7.28
安　徽	169.1	46.7	2 763	0.4	0.1	0.21
福　建	244.6	116.1	4 745	14.6	6.4	5.82
江　西	139.1	59.5	4 279	8.1	0.4	0.74
山　东	238.4	186.3	7 817	12.6	7.3	4.09
河　南	315.4	136.1	4 317	7.5	-6.9	-4.80
湖　北	237.9	84.8	3 564	21.8	3.8	4.70
湖　南	252.6	114.2	4 521	30.8	9.7	9.28
广　东	322.5	159.8	4 955	3.1	5.2	3.35
广　西	234.3	63.8	2 723	29.3	9.4	17.28
海　南	85.8	31.8	3 705	-0.2	1.1	3.62
重　庆	693.8	284.4	4 099	11.8	8.1	2.93
四　川	1 185.8	462.1	3 897	58.9	54.0	13.23
贵　州	876.2	208.8	2 383	33.7	-6.0	-2.77
云　南	620.4	172.2	2 775	33.5	2.4	1.40
西　藏	0.5	0.3		…	-0.2	-36.00
陕　西	307.9	72.0	2 337	3.6	-10.0	-12.24
甘　肃	643.6	191.4	2 974	-13.9	-23.2	-10.81
青　海	86.7	38.3	4 420	1.1	2.1	5.80
宁　夏	217.6	39.1	1 795	-15.7	-3.2	-7.66
新　疆	22.7	20.0	8 818	-13.6	4.4	28.21

各地区马铃薯播种面积和产量

地区	播种面积（千公顷）	总产量（万吨）	每公顷产量（千克）	比上年增减		
				播种面积（千公顷）	总产量	
					绝对量（万吨）	%
全国总计	**5 080.8**	**1 464.6**	**2 883**	**417.4**	**49.0**	**3.46**
北京						
天津						
河北	133.3	23.7	1 775	－15.8	－11.1	－31.97
山西	169.7	19.4	1 141	－14.0	－16.8	－46.49
内蒙古	663.8	157.2	2 368	－15.6	－31.2	－16.55
辽宁	62.7	29.6	4 721	－1.9	－8.7	－22.72
吉林	93.5	23.0	2 460	5.3	－0.7	－2.95
黑龙江	271.2	89.4	3 297	26.3	32.9	58.28
上海						
江苏						
浙江	57.8	18.5	3 199	6.6	2.2	13.57
安徽	8.3	5.3	6 379	0.6	0.4	9.13
福建	71.1	26.5	3 724	8.2	3.3	14.47
江西						
山东						
河南						
湖北	156.0	50.0	3 204	28.5	8.5	20.54
湖南	92.8	32.2	3 470	20.5	3.7	12.98
广东	37.5	17.2	4 587	1.0	1.0	6.23
广西	16.4	5.8	3 549			
海南						
重庆	327.2	107.0	3 271	17.0	5.3	5.21
四川	559.3	210.3	3 760	282.2	49.1	30.46
贵州	635.0	153.5	2 417	29.2	3.2	2.13
云南	494.1	151.8	3 071	28.0	7.4	5.10
西藏	0.4	0.3	7 273	－0.1	－0.2	－37.25
陕西	260.0	55.2	2 123	0.7	－0.9	－1.60
甘肃	643.6	191.4	2 974	－13.9	－23.2	－10.81
青海	86.7	38.3	4 420	1.1	2.1	5.86
宁夏	217.6	39.1	1 795	－15.6	－3.2	－7.62
新疆	22.7	20.0	8 818			

各地区油料作物播种面积和产量

地区	播种面积（千公顷）	总产量（吨）	每公顷产量（千克）	比上年增减		
				播种面积（千公顷）	总产量	
					绝对量（吨）	%
全国总计	**13 652.1**	**31 542 893**	**2 310**	**826.5**	**2 014 693**	**6.82**
北京	6.1	18 136	2 968	-1.1	-3 567	-16.44
天津	2.0	5 412	2 720	0.2	612	12.75
河北	496.6	1 432 691	2 885	-20.3	-93 214	-6.11
山西	168.1	170 188	1 012	-11.1	-20 997	-10.98
内蒙古	702.2	1 196 204	1 704	-2.9	20 850	1.77
辽宁	277.3	553 499	1 996	109.8	68 472	14.12
吉林	242.9	503 976	2 074	30.6	-14 442	-2.79
黑龙江	203.0	281 578	1 387	-15.7	-3 189	-1.12
上海	15.5	33 879	2 193	…	-2 149	-5.96
江苏	593.3	1 622 317	2 734	25.9	119 390	7.94
浙江	210.1	432 433	2 058	19.3	19 747	4.78
安徽	968.8	2 403 472	2 481	32.1	123 140	5.40
福建	110.4	262 662	2 379	3.0	8 685	3.42
江西	716.4	1 020 240	1 424	57.6	108 321	11.88
山东	787.6	3 345 121	4 247	-24.9	-61 220	-1.80
河南	1 541.2	5 329 800	3 458	22.9	276 446	5.47
湖北	1 455.0	3 140 500	2 158	89.4	283 148	9.91
湖南	1 129.3	1 792 449	1 587	200.0	454 477	33.97
广东	331.4	846 429	2 554	7.5	31 076	3.81
广西	181.2	420 771	2 323	17.9	45 316	12.07
海南	40.7	91 042	2 239	0.5	4 137	4.76
重庆	237.0	405 388	1 710	21.5	48 621	13.63
四川	1 205.3	2 617 646	2 172	50.2	118 244	4.73
贵州	513.1	786 782	1 533	58.0	102 873	15.04
云南	317.3	501 562	1 581	129.3	197 788	65.11
西藏	24.5	57 855	2 362	-0.2	-2 451	-4.06
陕西	295.5	543 788	1 840	18.3	49 154	9.94
甘肃	351.9	585 447	1 664	20.2	50 059	9.35
青海	172.4	366 016	2 123	-0.3	13 792	3.92
宁夏	85.8	136 473	1 591	5.3	904	0.67
新疆	270.1	639 137	2 367	-16.6	70 670	12.43

各地区花生播种面积和产量

地区	播种面积（千公顷）	总产量（吨）	每公顷产量（千克）	比上年增减		
				播种面积（千公顷）	总产量	
					绝对量（吨）	%
全国总计	**4 376.7**	**14 707 929**	**3 361**	**130.8**	**421 782**	**2.95**
北京	5.8	17 738	3 048	-1.1	-3 515	-16.54
天津	1.0	3 400	3 579	0.1	576	20.40
河北	389.7	1 339 926	3 438	-20.2	-60 801	-4.34
山西	9.8	21 828	2 225	-0.6	-240	-1.09
内蒙古	17.8	29 091	1 633	-1.2	-10 604	-26.71
辽宁	260.6	534 697	2 052	112.3	83 957	18.63
吉林	122.5	305 099	2 491	-4.4	-44 775	-12.80
黑龙江	31.0	58 725	1 895	-9.7	-2 499	-4.08
上海	1.0	2 773	2 746	…	-64	-2.26
江苏	105.5	386 658	3 665	3.9	30 925	8.69
浙江	19.1	53 880	2 818	0.4	1 846	3.55
安徽	180.9	750 893	4 152	-13.6	-27 731	-3.56
福建	98.1	246 151	2 510	2.1	6 604	2.76
江西	146.4	381 959	2 609	4.4	14 068	3.82
山东	774.8	3 308 870	4 270	-25.7	-62 009	-1.84
河南	975.4	4 125 600	4 230	18.6	279 710	7.27
湖北	183.7	626 187	3 408	7.7	51 177	8.90
湖南	104.5	246 707	2 362	11.1	19 369	8.52
广东	322.1	836 268	2 596	8.0	31 002	3.85
广西	160.8	398 154	2 477	15.5	44 356	12.54
海南	38.1	88 484	2 323	0.5	5 106	6.12
重庆	47.7	82 496	1 728	3.1	5 899	7.70
四川	256.3	600 963	2 345	…	10 970	1.86
贵州	38.8	73 136	1 887	5.3	8 714	13.53
云南	48.9	71 311	1 457	14.4	20 936	41.56
西藏	0.1	126	1 799	…	-35	-21.74
陕西	31.1	97 100	3 118	-1.4	15 056	18.35
甘肃	0.7	1 714	2 348	-0.1	-551	-24.33
青海						
宁夏						
新疆	4.5	17 994	3 986	1.3	4 798	36.36

各地区油菜籽播种面积和产量

地　　区	播种面积（千公顷）	总产量（吨）	每公顷产量（千克）	比上年增减		
				播种面积（千公顷）	总产量	
					绝对量（吨）	%
全国总计	**7 277.7**	**13 657 148**	**1 877**	**684.0**	**1 555 487**	**12.85**
北　　京						
天　　津						
河　　北	22.4	29 957	1 335	-1.2	-4 840	-13.91
山　　西	6.5	6 939	1 062	0.4	-1 951	-21.95
内 蒙 古	218.9	223 810	1 022	-1.8	21 727	10.75
辽　　宁	0.4	798	1 995	-0.2	-390	-32.83
吉　　林						
黑 龙 江	1.7	2 925	1 721	1.3	1 881	180.17
上　　海	14.3	30 900	2 161	…	-2 034	-6.2
江　　苏	476.3	1 216 923	2 555	21.8	88 863	7.88
浙　　江	185.8	370 216	1 993	18.3	16 804	4.75
安　　徽	721.8	1 577 714	2 186	51.4	175 029	12.48
福　　建	10.9	14 593	1 338	1.1	2 003	15.91
江　　西	538.5	609 619	1 132	52.2	93 338	18.08
山　　东	10.9	30 744	2 834	1.4	4 045	15.15
河　　南	382.0	930 700	2 437	5.3	-40 035	-4.12
湖　　北	1 165.9	2 365 100	2 029	76.3	216 200	10.06
湖　　南	1 016.1	1 533 740	1 509	188.5	434 413	39.52
广　　东	7.1	7 874	1 111	-0.5	231	3.02
广　　西	12.4	13 400	1 083	1.7	3 080	29.84
海　　南						
重　　庆	173.6	309 515	1 782	23.4	44 085	16.61
四　　川	936.6	1 999 090	2 134	50.4	104 923	5.54
贵　　州	466.9	703 987	1 508	54.1	100 142	16.58
云　　南	253.6	414 131	1 633	103.7	167 718	68.06
西　　藏	24.4	57 729	2 364	-0.3	-2 416	-4.02
陕　　西	194.6	356 291	1 831	16.3	22 760	6.82
甘　　肃	188.9	331 092	1 753	26.8	45 552	15.95
青　　海	170.3	361 995	2 126	0.5	13 947	4.01
宁　　夏	0.1	184	1 415	…	-40	-17.86
新　　疆	76.9	157 182	2 043	-6.7	50 452	47.27

各地区芝麻播种面积和产量

地区	播种面积（千公顷）	总产量（吨）	每公顷产量（千克）	比上年增减		
				播种面积（千公顷）	总产量	
					绝对量（吨）	%
全国总计	**475.9**	**621 957**	**1 307**	**4.3**	**35 664**	**6.08**
北京	…	39	975	…	9	30.00
天津	0.2	100	625	…	-31	-23.66
河北	8.6	10 116	1 179	-1.1	-706	-6.52
山西	4.8	3 943	818	0.2	279	7.61
内蒙古	6.3	2 248	357	1.6	-12 416	-84.67
辽宁	1.8	815	466	-0.6	-2 182	-72.81
吉林	8.0	8 180	1 018	…	5 400	-39.76
黑龙江	1.7	2 387	1 421	0.3	-1 389	-36.78
上海	0.1	206	1 471	…	-51	-19.84
江苏	11.4	18 464	1 614	0.1	-475	-2.51
浙江	5.3	8 337	1 585	0.7	1 097	15.15
安徽	59.4	66 208	1 115	-8.3	-7 198	-9.81
福建	1.3	1 495	1 180	…	1	0.07
江西	30.8	27 626	898	1.0	1 228	4.65
山东	0.9	1 418	1 593	-0.6	-651	-31.46
河南	177.5	261 700	1 475	-0.5	39 228	17.63
湖北	99.6	142 100	1 426	6.6	15 189	11.97
湖南	8.3	11 375	1 379	1.6	2 083	22.42
广东	2.2	2 287	1 041	0.1	-157	-6.42
广西	4.9	5 596	1 140	…	236	4.40
海南	2.6	2 557	991	…	-969	-27.48
重庆	7.8	7 482	962	0.4	703	10.37
四川	3.8	4 796	1 252	-0.1	57	1.20
贵州	0.4	390	1 089	0.2	222	132.14
云南	0.3	195	725	0.1	50	34.48
西藏						
陕西	15.4	20 172	1 314	1.1	3 233	19.09
甘肃						
青海						
宁夏	0.6	126	203	0.1	-324	-72.00
新疆	12.2	11 599	950	1.5	3 998	52.60

各地区胡麻籽播种面积和产量

地区	播种面积（千公顷）	总产量（吨）	每公顷产量（千克）	比上年增减		
				播种面积（千公顷）	总产量	
					绝对量（吨）	%
全国总计	**336.9**	**318 135**	**944**	**-0.9**	**-31 521**	**-9.01**
北京						
天津						
河北	49.2	15 833	322	1.1	-22 747	-58.96
山西	61.7	49 959	810	-3.0	-11 880	-19.21
内蒙古	48.6	29 082	599	0.1	-4 716	-13.95
辽宁						
吉林						
黑龙江						
上海						
江苏						
浙江						
安徽	…	5	500	…	-5	-50.00
福建						
江西						
山东						
河南						
湖北						
湖南						
广东						
广西						
海南						
重庆						
四川						
贵州	0.1	52	839	…	-26	-33.33
云南	…	22	703	…	7	50.92
西藏						
陕西	4.4	5 071	1 158	-0.4	1 138	28.93
甘肃	112.7	143 803	1 276	-6.3	-7 459	-4.93
青海	2.2	4 021	1 870	-0.8	-155	-3.71
宁夏	45.7	51 407	1 124	7.4	8 553	19.96
新疆	12.4	18 880	1 519	2.9	6 595	53.68

各地区向日葵籽播种面积和产量

地　　区	播种面积（千公顷）	总产量（吨）	每公顷产量（千克）	比上年增减		
				播种面积（千公顷）	总产量	
					绝对量（吨）	%
全国总计	**958.7**	**1 955 641**	**2 040**	**-5.6**	**163 920**	**9.15**
北　　京	0.3	352	1 408	…	-68	-16.19
天　　津	0.9	1 849	2 175	…	4	0.22
河　　北	23.8	30 975	1 302	0.3	-4 299	-12.19
山　　西	49.8	57 045	1 145	-6.6	-5 831	-9.27
内 蒙 古	402.2	900 484	2 239	-5.4	144 492	19.11
辽　　宁	12.3	11 004	896	-2.3	-14 221	-56.38
吉　　林	100.7	172 432	1 713	38.0	50 687	41.63
黑 龙 江	87.4	118 479	1 356	-19.9	-9 703	-7.57
上　　海						
江　　苏	0.1	272	2 720	…	77	39.49
浙　　江						
安　　徽	…	27	900	…	-12	-30.77
福　　建	…	61	1 348	…	7	12.96
江　　西	0.8	1 036	1 363	…	-313	-23.20
山　　东	0.1	187	3 117	…	33	21.43
河　　南	6.4	11 800	1 832	-0.6	-2 457	-17.23
湖　　北	5.4	6 975	1 285	0.2	1 270	22.26
湖　　南	0.1	47	671	-0.1	-104	-68.87
广　　东						
广　　西	3.1	3 621	1 161			
海　　南						
重　　庆	4.0	4 135	1 036	0.2	154	3.87
四　　川	2.6	3 838	1 459	-0.1	277	7.78
贵　　州	6.7	8 786	1 306	1.1	1 217	16.08
云　　南	4.9	9 410	1 933	1.5	2 583	37.83
西　　藏						
陕　　西	34.6	47 835	1 382	8.5	10 564	28.34
甘　　肃	25.7	70 067	2 723	0.6	7 634	12.23
青　　海						
宁　　夏	31.2	80 929	2 598	-0.2	-7 032	-7.99
新　　疆	155.7	413 995	2 658	-23.8	-14 660	-3.42

各地区棉花播种面积和产量

地区	播种面积（千公顷）	总产量（吨）	每公顷产量（千克）	比上年增减		
				播种面积（千公顷）	总产量	
					绝对量（吨）	%
全国总计	**4 951.8**	**6 376 776**	**1 288**	**-802.5**	**-1 115 105**	**-14.88**
北京	0.6	767	1 278	-0.6	-590	-43.48
天津	55.6	70 865	1 275	-13.6	-12 063	-14.55
河北	620.0	604 600	975	-70.0	-132 734	-18.00
山西	73.3	83 991	1 146	-15.8	-22 744	-21.31
内蒙古	0.9	1 230	1 447	-1.2	-1 630	-56.99
辽宁	0.9	956	1 099	-0.5	-1 445	-60.18
吉林	1.6	1 958	1 229	-0.8	-3 285	-62.65
黑龙江						
上海	1.3	2 617	1 983	-0.2	-566	-17.8
江苏	252.3	255 295	1 012	-48.2	-70 655	-21.68
浙江	20.1	28 079	1 397	-0.2	-92	-0.33
安徽	351.7	346 000	984	-38.4	-17 496	-4.81
福建	0.3	258	766	-0.2	-137	-34.68
江西	75.5	125 104	1 657	9.0	13 189	11.78
山东	800.4	921 220	1 151	-87.9	-119 337	-11.47
河南	537.3	517 452	963	-68.7	-133 392	-20.50
湖北	460.1	480 530	1 044	-82.9	-32 870	-6.40
湖南	152.6	212 000	1 389	-30.4	-34 600	-14.03
广东						
广西	2.2	2 067	923	…	47	2.33
海南						
重庆	0.2	95	609	…	-3	-3.06
四川	16.2	14 860	917	-2.3	-667	-4.30
贵州	1.5	944	629	0.1	47	5.24
云南	0.4	398	1 009	…	40	11.17
西藏						
陕西	61.8	85 846	1 388	-23.3	-14 845	-14.74
甘肃	55.7	95 444	1 714	-17.0	-27 737	-22.52
青海						
宁夏						
新疆	1 409.3	2 524 200	1 791	-309.3	-501 500	-16.57

各地区麻类播种面积和产量

地区	播种面积（千公顷）	总产量（吨）	每公顷产量（千克）	比上年增减		
				播种面积（千公顷）	总产量	
					绝对量（吨）	%
全国总计	**159.5**	**387 975**	**2 433**	**-62.0**	**-236 955**	**-37.92**
北京						
天津						
河北	0.4	745	2 129	…	35	4.93
山西	0.1	130	1 704	…	14	12.24
内蒙古	1.0	9 758	10 060	-2.2	-11 887	-54.92
辽宁	…	9	900	…	-12	-57.14
吉林	0.5	518	1 002	-0.2	-1 971	-79.19
黑龙江	11.6	44 726	3 872	-29.8	-119 788	-71.81
上海						
江苏	1.1	2 617	2 446	-0.1	-179	-6.40
浙江	0.2	598	3 518	-0.1	-412	-40.79
安徽	9.5	22 750	2 385	-1.5	-9 081	-28.53
福建	0.1	312	2 430	…	-55	-14.99
江西	7.4	10 738	1 447	-0.8	-2 082	-16.24
山东	0.2	649	3 245	…	160	32.72
河南	12.0	46 212	3 857	0.6	2 424	5.54
湖北	18.7	38 232	2 042	-4.7	-9 407	-19.75
湖南	31.5	76 861	2 444	-10.6	-29 549	-27.77
广东	0.3	656	2 392	-0.2	-345	-34.47
广西	5.1	9 891	1 924	-0.4	-1 573	-13.72
海南	0.2	980	5 808	…	-5	-0.54
重庆	11.3	15 869	1 401	-0.2	-1 113	-6.55
四川	37.8	65 843	1 743	-1.1	-2 116	-3.11
贵州	0.7	921	1 308	-0.1	-181	-16.42
云南	4.3	18 354	4 310	-0.6	-4 420	-19.41
西藏						
陕西	0.4	493	1 297	-0.1	-73	-12.90
甘肃	2.3	4 013	1 784	-0.1	-743	-15.62
青海						
宁夏						
新疆	3.1	16 100	5 258	-9.9	-44 596	-73.47

各地区黄红麻播种面积和产量

地　　区	播种面积（千公顷）	总产量（吨）	每公顷产量（千克）	比上年增减		
				播种面积（千公顷）	总产量	
					绝对量（吨）	%
全国总计	**24.0**	**75 292**	**3 139**	**-2.2**	**-9 024**	**-10.70**
北　　京						
天　　津						
河　　北	0.3	699	2 255	…	82	13.29
山　　西						
内 蒙 古						
辽　　宁						
吉　　林						
黑 龙 江						
上　　海						
江　　苏	0.1	182	3 640	0.1	122	203.33
浙　　江	0.1	480	4 000	-0.1	-331	-40.81
安　　徽	4.2	11 827	2 850	-1.4	-6 688	-36.12
福　　建	0.1	227	2 484	…	-63	-21.72
江　　西	0.2	901	4 505	-0.2	-503	-35.83
山　　东	0.1	281	5 620	-0.1	-142	-33.57
河　　南	11.8	45 602	3 855	0.4	1 864	4.26
湖　　北	0.4	1 418	4 051	-0.2	-823	-36.72
湖　　南	0.2	517	2 872	-0.1	-100	-16.21
广　　东	0.3	656	2 392	-0.2	-345	-34.47
广　　西	4.6	8 493	1 830	-0.5	-1 607	-15.91
海　　南	0.2	980	5 808	…	-5	-0.51
重　　庆	0.2	257	1 036	…	1	0.39
四　　川	1.3	2 744	2 104	-0.2	-440	-13.82
贵　　州	…	23	1 438	…	-37	-61.67
云　　南	…	5	1 667	…	…	…
西　　藏						
陕　　西						
甘　　肃						
青　　海						
宁　　夏						
新　　疆						

各地区苎麻播种面积和产量

地　区	播种面积（千公顷）	总产量（吨）	每公顷产量（千克）	比上年增减		
				播种面积（千公顷）	总产量	
					绝对量（吨）	%
全国总计	**109.8**	**211 673**	**1 927**	**-16.3**	**-38 765**	**-15.48**
北　京						
天　津						
河　北						
山　西						
内蒙古						
辽　宁						
吉　林						
黑龙江						
上　海						
江　苏	1.0	2 435	2 387	-0.1	-301	-11.00
浙　江	0.1	118	2 360	…	-81	-40.70
安　徽	3.5	5 631	1 613	-0.2	-1 245	-18.11
福　建	…			…	-77	-100.00
江　西	7.2	9 837	1 362	-0.6	-1 579	-13.83
山　东						
河　南						
湖　北	18.4	36 814	2 004	-4.4	-6 584	-15.17
湖　南	31.2	76 244	2 441	-9.7	-26 151	-25.54
广　东						
广　西	0.5	1 398	2 796	…	34	2.49
海　南						
重　庆	11.0	15 329	1 396	-0.1	-1 110	-6.75
四　川	36.3	62 939	1 733	-1.0	-1 595	-2.47
贵　州	0.4	686	1 595	-0.1	-65	-8.66
云　南	…	27	1 345	…	1	3.85
西　藏						
陕　西	0.2	215	1 265	…	-12	-5.29
甘　肃				-613.7	-155	-100.00
青　海						
宁　夏				-73.1	-13	-100.00
新　疆				-434.6	-273	-100.00

各地区大麻（线麻）播种面积和产量

地区	播种面积（千公顷）	总产量（吨）	每公顷产量（千克）	比上年增减		
				播种面积（千公顷）	总产量	
					绝对量（吨）	%
全国总计	**5.9**	**12 358**	**2 086**	**-5.9**	**-17 746**	**-58.95**
北京						
天津						
河北	…	37	1 233	…	-30	-44.78
山西	0.1	127	1 814	…	14	12.57
内蒙古	0.1	49	980	0.1	9	22.50
辽宁	…	9	900	…	-12	-57.14
吉林	0.5	429	905	-0.2	-1 830	-81.01
黑龙江	0.3	560	2 074	-4.7	-13 990	-96.15
上海						
江苏						
浙江						
安徽	1.8	4 977	2 780	0.1	-1 204	-19.48
福建						
江西						
山东	0.2	368	2 453	0.2	316	607.69
河南	0.2	610	4 067	0.2	560	1 120.00
湖北						
湖南						
广东						
广西						
海南						
重庆						
四川						
贵州	0.1	100	1 020	…	-26	-20.63
云南	0.4	935	2 175	-1.1	-644	-40.77
西藏						
陕西	0.2	144	960	-0.2	-166	-53.55
甘肃	2.3	4 013	1 784	-0.1	-743	-15.62
青海						
宁夏						
新疆						

各地区亚麻播种面积和产量

地　　区	播种面积（千公顷）	总产量（吨）	每公顷产量（千克）	比上年增减		
				播种面积（千公顷）	总产量	
					绝对量（吨）	%
全国总计	**17.7**	**85 488**	**4 826**	**-39.0**	**-171 504**	**-66.74**
北　　京						
天　　津						
河　　北						
山　　西	…	3	1 000	…	3	
内 蒙 古	0.9	9 682	10 879	-2.1	-11 787	-54.90
辽　　宁						
吉　　林	…	89	2 225	…	-141	-61.30
黑 龙 江	11.3	44 166	3 915	-25.1	-105 798	-70.55
上　　海						
江　　苏						
浙　　江						
安　　徽						
福　　建						
江　　西						
山　　东						
河　　南						
湖　　北						
湖　　南	…	100	3 333	-0.9	-3 298	-97.06
广　　东						
广　　西						
海　　南						
重　　庆						
四　　川	…	12	1 333.3	…	9	300.00
贵　　州	0.2	101	647	…	-51	-33.55
云　　南	2.2	15 235	6 780	-0.9	-3 825	-20.07
西　　藏						
陕　　西						
甘　　肃						
青　　海						
宁　　夏						
新　　疆	3.1	16 100	5 261	-9.9	-44 596	-73.47

各地区糖料播种面积和产量

地区	播种面积（千公顷）	总产量（吨）	每公顷产量（千克）	比上年增减		
				播种面积（千公顷）	总产量	
					绝对量（吨）	%
全国总计	**1 883.9**	**122 765 663**	**65 167**	**-106.2**	**-11 430 539**	**-8.52**
北京						
天津						
河北	12.5	307 313	24 546	-3.2	-286 450	-48.24
山西	4.2	154 191	37 139	-2.2	-80 204	-34.22
内蒙古	33.1	1 095 788	33 145	-15.6	-604 573	-35.56
辽宁	1.8	61 941	34 034	-0.2	-13 011	-17.36
吉林	2.4	66 276	28 131	-4.7	-176 391	-72.69
黑龙江	63.9	1 100 000	17 222	-26.5	-1 500 000	-57.69
上海	0.2	16 262	67 758	…	6 287	63.03
江苏	2.0	116 445	57 646	0.4	28 919	33.04
浙江	13.1	813 612	62 013	-0.8	-40 924	-4.79
安徽	5.8	217 963	37 841	-1.0	-77 189	-26.15
福建	10.3	658 544	64 229	-0.5	-50 504	-7.12
江西	13.6	622 022	45 737	-0.4	-20 044	-3.12
山东	0.1	576	11 520	…	…	…
河南	4.6	282 741	61 869	1.1	75 346	36.33
湖北	10.4	344 270	33 263	3.7	79 562	30.06
湖南	15.3	781 618	50 953	0.9	11 264	1.46
广东	151.9	12 535 140	82 523	2.2	546 753	4.56
广西	1 060.1	75 094 353	70 836	-30.0	-7 061 467	-8.60
海南	74.6	4 791 758	64 200	-4.0	-396 410	-7.64
重庆	3.1	115 667	37 689	0.1	3 823	3.42
四川	20.0	941 401	47 037	-3.2	-223 224	-19.17
贵州	16.5	642 907	39 030	-1.2	-74 999	-10.45
云南	296.3	17 614 168	59 456	-13.6	-1 374 611	-7.24
西藏						
陕西	0.1	1 662	27 700	-0.1	-1 295	-43.79
甘肃	4.5	204 205	45 683	-0.1	3 315	1.65
青海	…	600	20 000	…	600	
宁夏	…	140	7 000	…	-394	-73.78
新疆	63.7	4 184 100	65 643	-7.4	-204 718	-4.66

各地区甘蔗播种面积和产量

地区	播种面积（千公顷）	总产量（吨）	每公顷产量（千克）	比上年增减		
				播种面积（千公顷）	总产量	
					绝对量（吨）	%
全国总计	**1 697.5**	**115 586 706**	**68 093**	**-46.1**	**-8 565 655**	**-6.90**
北京						
天津						
河北						
山西						
内蒙古						
辽宁						
吉林						
黑龙江						
上海	0.2	16 262	67 758	…	6 287	63.03
江苏	2.0	116 145	58 073	0.4	28 619	32.70
浙江	13.1	813 612	62 013	-0.8	-40 924	-4.79
安徽	5.8	217 960	37 840	-1.0	-73 845	-25.31
福建	10.3	658 544	64 229	-0.5	-50 504	-7.12
江西	13.6	622 022	45 737	-0.4	-20 044	-3.12
山东						
河南	4.6	282 741	61 869	1.1	75 346	36.33
湖北	10.4	344 270	33 263	3.7	79 562	30.06
湖南	15.3	781 618	50 953	1.0	11 264	1.46
广东	151.9	12 535 140	82 523	2.2	546 753	4.56
广西	1 060.1	75 094 353	70 836	-30.0	-7 061 467	-8.60
海南	74.6	4 791 758	64 200	-4.0	-396 410	-7.64
重庆	3.1	115 667	37 689	0.1	3 823	3.42
四川	19.9	939 228	47 302	-3.1	-223 614	-19.23
贵州	16.4	642 653	39 117	-1.2	-74 996	-10.45
云南	296.2	17 613 136	59 468	-13.5	-1 374 341	-7.24
西藏						
陕西	0.1	1 597	31 940	-0.1	-1 164	-42.16
甘肃						
青海						
宁夏						
新疆						

各地区甜菜播种面积和产量

地区	播种面积（千公顷）	总产量（吨）	每公顷产量（千克）	比上年增减		
				播种面积（千公顷）	总产量	
					绝对量（吨）	%
全国总计	**186.4**	**7 178 956**	**38 517**	**-60.0**	**-2 864 883**	**-28.52**
北京						
天津						
河北	12.5	307 313	24 546	-3.2	-286 450	-48.24
山西	4.2	154 191	37 155	-2.2	-80 204	-34.22
内蒙古	33.1	1 095 788	33 145	-15.6	-604 573	-35.56
辽宁	1.8	61 941	34 034	-0.2	-13 011	-17.36
吉林	2.4	66 276	28 083	-4.7	-176 391	-72.69
黑龙江	63.9	1 100 000	17 222	-26.5	-1 500 000	-57.69
上海						
江苏	…	300	15 000	…	300	
浙江						
安徽		3			-3 344	-99.91
福建						
江西						
山东	0.1	576	11 520	…		
河南						
湖北						
湖南						
广东						
广西						
海南						
重庆						
四川	0.2	2 173	13 753	…	390	21.87
贵州	…	254	5 907	…	-3	-1.17
云南	0.1	1 032	13 753	…	-270	-20.68
西藏						
陕西		65			-131	-66.84
甘肃	4.5	204 205	45 683	-0.1	3 315	1.65
青海	…	600	20 000	…	600	
宁夏	…	140	7 000	…	-394	-73.78
新疆	63.7	4 184 100	65 644	-7.4	-204 718	-4.66

各地区烟叶播种面积和产量

地区	播种面积（千公顷）	总产量（吨）	每公顷产量（千克）	比上年增减		
				播种面积（千公顷）	总产量	
					绝对量（吨）	%
全国总计	**1 391.9**	**3 065 777**	**2 203**	**65.9**	**227 555**	**8.02**
北京		5			-1	-16.67
天津						
河北	3.0	6 650	2 224	…	536	8.77
山西	3.8	9 663	2 570	0.6	1 253	14.90
内蒙古	4.2	11 769	2 782	-0.6	-2 596	-18.07
辽宁	12.5	31 531	2 522	1.0	-724	-2.24
吉林	23.4	66 461	2 845	1.3	1 140	1.75
黑龙江	37.3	82 898	2 221	4.0	4 898	6.28
上海						
江苏	0.2	532	2 217	…	-15	-2.74
浙江	1.5	3 689	2 459	0.2	66	1.82
安徽	10.4	29 414	2 828	0.7	4 046	15.95
福建	69.0	145 558	2 109	1.7	6 413	4.61
江西	18.1	43 333	2 390	-2.4	-4 461	-9.33
山东	45.7	116 898	2 556	4.9	17 963	18.16
河南	127.0	297 349	2 341	15.1	30 061	11.25
湖北	74.6	152 069	2 039	13.3	34 090	28.89
湖南	96.3	217 799	2 261	7.7	24 592	12.73
广东	24.7	53 626	2 168	1.2	4 286	8.69
广西	20.1	37 434	1 866	2.6	8 461	29.20
海南						
重庆	52.6	99 905	1 900	4.8	14 392	16.83
四川	121.5	259 649	2 137	11.2	31 229	13.67
贵州	197.8	390 315	1 973	-9.9	-7 549	-1.90
云南	405.7	916 881	2 260	5.1	53 397	6.18
西藏						
陕西	36.8	75 014	2 038	2.8	2 576	3.56
甘肃	4.4	12 337	2 804	0.4	1 972	19.03
青海	0.2	1 850	9 737	…	1 109	149.66
宁夏	0.4	2 103	4 891	-0.1	-82	-3.75
新疆	0.6	1 045	1 761	0.4	502	92.45

各地区烤烟播种面积和产量

地　区	播种面积（千公顷）	总产量（吨）	每公顷产量（千克）	比上年增减		
				播种面积（千公顷）	总产量	
					绝对量（吨）	%
全国总计	**1 265.4**	**2 814 207**	**2 224**	**35.4**	**191 014**	**7.28**
北　京						
天　津						
河　北	2.4	4 082	1 701	-0.1	520	14.60
山　西	3.6	9 246	2 570	0.4	1 115	13.71
内蒙古	2.9	9 665	3 368	-0.8	-741	-7.12
辽　宁	11.4	29 155	2 560	0.7	-500	-1.69
吉　林	12.9	34 527	2 683	1.1	6 853	24.76
黑龙江	32.3	73 192	2 265	-0.4	-4 808	-6.16
上　海						
江　苏	…	84	2 100	…	44	110.00
浙　江						
安　徽	10.2	28 882	2 826	1.0	4 863	20.25
福　建	68.5	144 618	2 111	1.6	6 137	4.43
江　西	17.5	41 411	2 372	-2.3	-5 313	-11.37
山　东	45.3	116 019	2 562	4.7	17 833	18.16
河　南	111.7	297 296	2 662	0.1	30 103	11.27
湖　北	55.9	108 950	1 950	9.1	21 718	24.90
湖　南	93.0	209 975	2 258	7.7	23 307	12.49
广　东	22.5	48 010	2 129	1.3	4 109	9.36
广　西	16.3	31 253	1 914	1.8	7 204	29.96
海　南						
重　庆	43.9	82 252	1 874	4.4	13 260	19.22
四　川	102.3	210 440	2 058	11.3	28 418	15.61
贵　州	184.9	369 156	1 996	-9.9	-7 987	-2.12
云　南	387.4	880 274	2 272	0.3	40 919	4.88
西　藏						
陕　西	36.0	73 083	2 033	2.5	1 659	2.32
甘　肃	3.5	10 164	2 904	0.4	2 013	24.70
青　海						
宁　夏	0.4	2 103	4 891	-0.2	-82	-3.75
新　疆	0.6	370	627	0.4	370	

各地区蔬菜类播种面积和产量

地区	播种面积（千公顷）	总产量（万吨）	每公顷产量（千克）	比上年增减		
				播种面积（千公顷）	总产量	
					绝对量（万吨）	%
全国总计	**18 414.3**	**61 823.8**	**33 574**	**538.4**	**2 583**	**4.36**
北京	68.5	317.1	46 300	0.3	-4	-1.31
天津	80.8	373.9	46 262	8.6	60	19.00
河北	1 100.9	6 742.1	61 240	-0.5	58	0.86
山西	245.0	893.1	36 448	4.1	40	4.74
内蒙古	268.7	1 380.6	51 380	8.4	20	1.45
辽宁	402.7	2 604.4	64 671	14.0	166	6.81
吉林	231.9	968.4	41 769	22.4	111	12.92
黑龙江	187.6	701.2	37 379	-100.1	-357	-33.72
上海	128.2	394.1	30 751	-5.5	-16	-3.88
江苏	1 147.6	3 837.8	33 441	54.2	293	8.27
浙江	618.9	1 764.8	28 516	0.4	7	0.39
安徽	745.3	2 028.1	27 211	26.7	105	5.44
福建	653.3	1 521.5	23 290	9.3	41	2.79
江西	509.7	1 088.6	21 358	-3.3	4	0.34
山东	1 756.0	8 937.2	50 896	30.9	302	3.50
河南	1 692.2	6 370.4	37 645	-21.5	-24	-0.37
湖北	1 079.3	2 979.6	27 608	63.3	89	3.08
湖南	1 063.7	2 844.2	26 739	60.7	266	10.32
广东	1 138.4	2 567.2	22 550	25.8	136	5.58
广西	978.0	2 063.1	21 096	18.9	48	2.38
海南	202.2	410.0	20 275	13.7	31	8.12
重庆	552.2	1 177.4	21 322	70.6	183	18.39
四川	1 129.6	3 227.3	28 572	27.5	149	4.84
贵州	599.6	1 079.5	18 003	41.3	88	8.92
云南	622.9	1 238.2	19 880	39.5	72	6.14
西藏	20.4	55.1	26 962	-0.4	7	14.48
陕西	428.7	1 257.6	29 337	43.1	190	17.85
甘肃	371.6	1 145.4	30 820	3.8	63	5.83
青海	35.2	118.9	33 732	1.1	9	7.98
宁夏	93.1	354.0	38 018	12.9	35	10.98
新疆	262.2	1 383.2	52 760	68.0	413	42.50

各地区瓜果类播种面积和产量

地　区	播种面积（千公顷）	总产量（万吨）	每公顷产量（千克）	比上年增减		
				播种面积（千公顷）	总产量	
					绝对量（万吨）	%
全国总计	**2 334.3**	**8 149.1**	**34 910**	**77.8**	**267.8**	**3.40**
北　京	7.6	34.6	45 689	-0.5	0.9	2.74
天　津	7.2	35.3	49 164	0.5	2.4	7.38
河　北	100.0	474.6	47 465	-2.6	-4.2	-0.88
山　西	25.2	66.6	26 485	-0.8	-4.1	-5.85
内蒙古	52.7	179.2	34 033	-0.1	-31.3	-14.89
辽　宁	46.7	178.4	38 240	0.1	9.3	5.47
吉　林	53.3	189.4	35 572	-7.8	-18.2	-8.75
黑龙江	74.2	218.3	29 443	-26.4	-89.8	-29.15
上　海	18.7	59.5	31 782	-0.8	-5.5	-8.46
江　苏	134.6	480.3	35 689	8.3	32.0	7.14
浙　江	110.2	326.9	29 659	-3.8	-8.3	-2.49
安　徽	160.6	530.0	33 002	-5.9	10.8	2.08
福　建	35.3	81.0	22 953	0.1	1.9	2.36
江　西	71.3	170.4	23 889	-0.8	1.2	0.71
山　东	274.8	1 309.2	47 641	16.6	92.5	7.60
河　南	326.4	1 472.2	45 111	10.6	56.7	4.01
湖　北	96.7	325.0	33 615	6.4	16.4	5.31
湖　南	127.6	315.9	24 764	0.9	7.9	2.57
广　东	39.6	98.9	24 979	-0.8	1.2	1.18
广　西	88.6	236.1	26 662	12.0	40.4	20.63
海　南	31.0	82.5	26 568	0.3	5.1	6.63
重　庆	22.6	32.2	14 241	0.5	1.4	4.41
四　川	48.5	121.2	24 964	…	3.1	2.63
贵　州	25.8	55.5	21 546	-1.8	2.9	5.56
云　南	17.8	38.9	21 903	-0.5	-8.4	-17.70
西　藏	0.1	0.4	30 017	0.1	0.1	65.07
陕　西	64.8	215.6	33 258	6.2	36.3	20.25
甘　肃	49.9	182.3	36 558	3.5	18.8	11.52
青　海	0.5	1.9	40 051	…	-0.1	-2.95
宁　夏	79.0	145.7	18 446	2.6	9.5	6.598
新　疆	143.5	491.2	34 238	61.5	87.0	21.53

各地区西瓜播种面积和产量

地　　区	播种面积（千公顷）	总产量（万吨）	每公顷产量（千克）	比上年增减		
				播种面积（千公顷）	总产量	
					绝对量（万吨）	%
全国总计	**1 764.8**	**6 478.5**	**36 710**	**31.5**	**196.3**	**3.12**
北　　京	6.9	32.8	47 683	-0.7	0.6	1.74
天　　津	5.5	30.7	56 085	0.2	1.3	4.41
河　　北	71.4	369.0	51 685	-1.4	-3.5	-0.95
山　　西	20.9	57.2	27 404	-0.5	-3.5	-5.79
内 蒙 古	31.6	117.0	36 992	-0.3	-20.9	-15.14
辽　　宁	24.9	102.8	41 362	-0.5	1.9	1.93
吉　　林	32.7	129.1	39 436	-3.5	-7.9	-5.75
黑 龙 江	41.1	148.1	35 991	-18.7	-65.4	-30.64
上　　海	14.3	47.7	33 255	-0.5	-4.6	-8.85
江　　苏	97.3	380.1	39 080	4.8	21.2	5.91
浙　　江	90.0	281.5	31 259	-4.2	-10.3	-3.53
安　　徽	130.9	453.0	34 617	-3.2	3.3	0.74
福　　建	28.6	67.5	23 549	1.0	3.7	5.87
江　　西	61.5	149.5	24 292	-5.1	-7.9	-5.02
山　　东	208.9	1 045.3	50 032	7.0	48.9	4.91
河　　南	273.8	1 279.4	46 724	13.8	72.6	6.02
湖　　北	77.5	278.9	36 002	3.2	16.7	6.37
湖　　南	108.4	282.4	26 046	1.0	8.9	3.25
广　　东	27.6	71.7	25 972	-1.3	0.0	0.02
广　　西	78.6	217.2	27 649	11.2	37.3	20.71
海　　南	22.5	62.0	27 537	0.5	5.0	8.77
重　　庆	19.3	29.9	15 505	0.7	1.5	5.24
四　　川	38.6	103.9	26 899	0.5	4.5	4.49
贵　　州	19.0	49.4	26 024	-0.5	2.3	4.83
云　　南	14.0	31.4	22 390	-0.8	-8.0	-20.25
西　　藏	0.1	0.4	32 409	0.1	0.2	83.72
陕　　西	48.7	175.0	35 975	5.0	32.1	22.46
甘　　肃	39.8	145.8	36 679	0.5	9.1	6.66
青　　海	0.4	1.8	43 533	…	-0.1	-3.92
宁　　夏	73.8	134.1	18 177	2.6	7.6	6.03
新　　疆	56.2	204.2	36 328	20.4	49.6	32.08

各地区甜瓜播种面积和产量

地区	播种面积（千公顷）	总产量（万吨）	每公顷产量（千克）	比上年增减		
				播种面积（千公顷）	总产量	
					绝对量（万吨）	%
全国总计	**389.9**	**1 215.3**	**31 169**	**28.3**	**22.0**	**1.84**
北京	0.3	1.2	37 303	…	0.2	20.75
天津	0.8	2.5	32 610	…	0.1	3.10
河北	14.5	56.9	39 112	…	1.6	2.87
山西	3.9	8.6	21 888	…	1.7	25.35
内蒙古	15.4	48.9	31 771	-2.0	-8.6	-14.97
辽宁	10.8	38.5	35 786	…	3.0	8.50
吉林	19.4	58.1	29 959	-3.1	-10.2	-14.98
黑龙江	25.2	55.5	22 034	-10.9	-29.5	-34.70
上海	3.4	9.9	29 520	-0.3	-0.8	-7.87
江苏	19.8	55.2	27 855	1.8	9.2	19.96
浙江	8.9	21.2	23 824	1.2	3.0	16.29
安徽	14.2	43.9	30 854	-0.3	3.4	8.40
福建	3.9	8.9	22 572	-1.3	-0.8	-8.01
江西	5.0	10.8	21 648	…	-0.4	-3.62
山东	43.5	178.1	40 962	6.2	32.9	22.70
河南	46.0	164.5	35 800	-5.2	-34.4	-17.31
湖北	13.8	43.8	31 830	-0.1	1.9	4.56
湖南	16.5	31.0	18 792	-0.1	-1.0	-3.24
广东	4.9	10.1	20 575	1.1	1.6	18.57
广西	9.5	18.3	19 185	0.9	3.2	21.62
海南	1.8	3.6	20 267	-0.1	-0.4	-9.16
重庆	0.1	0.2	18 806	0.1	0.2	
四川	1.1	2.0	18 317	…	…	2.17
贵州	1.9	2.0	10 387	-0.2	…	-2.23
云南	0.7	1.7	22 374	0.2	0.7	69.14
西藏						
陕西	10.1	29.9	29 574	-1.3	0.3	0.90
甘肃	3.2	13.2	41 505	-0.7	2.5	23.89
青海						
宁夏	4.7	10.7	22 948	1.3	5.2	94.15
新疆	86.7	286.3	33 022	40.9	37.5	15.06

各地区草莓播种面积和产量

地区	播种面积（千公顷）	总产量（万吨）	每公顷产量（千克）	比上年增减		
				播种面积（千公顷）	总产量	
					绝对量（万吨）	%
全国总计	**90.1**	**220.6**	**24 479**	**6.8**	**20.6**	**10.28**
北京	0.4	0.6	15 564	0.2	0.2	65.43
天津						
河北	12.4	41.3	33 217	-1.1	-2.4	-5.52
山西	0.1	0.3	24 144	…	0.1	50.02
内蒙古	3.4	6.1	18 169	1.2	2.6	76.14
辽宁	9.6	32.5	33 759	0.2	2.2	7.38
吉林	0.8	0.9	11 077	-0.1	-0.1	-12.96
黑龙江	3.2	10.5	32 640	1.4	6.1	141.32
上海	1.0	1.9	18 750	-0.1	…	-2.37
江苏	6.0	12.8	21 283	-1.0	-0.9	-6.21
浙江	3.4	8.0	23 394	-0.3	-0.4	-5.00
安徽	9.0	18.8	20 879	1.1	4.1	27.76
福建	0.7	1.4	19 509	…	…	2.15
江西	0.5	0.6	12 160	…	…	2.91
山东	14.7	49.5	33 726	1.9	7.6	18.17
河南	4.4	12.1	27 664	-0.3	2.3	23.52
湖北	5.5	2.3	4 186	3.2	-2.2	-49.37
湖南	2.7	2.6	9 615	…	0.1	2.57
广东	1.0	1.7	17 108	…	0.2	13.64
广西	0.5	0.6	12 647	-0.1	-0.1	-19.65
海南	…	…	15 000		…	-34.96
重庆	0.8	0.6	7 832	0.1	0.1	16.07
四川	5.1	8.3	16 359	-0.3	0.6	7.65
贵州	0.9	1.0	11 003	-0.2	…	0.86
云南	0.6	1.0	18 280	0.1	0.2	19.44
西藏						
陕西	2.1	2.9	14 215	0.6	0.5	19.66
甘肃	0.7	1.2	16 222	0.1	0.1	5.23
青海						
宁夏	…	0.2	38 300	-0.1	-0.2	-59.66
新疆	0.6	0.7	12 358	0.2	-0.1	-7.88

各地区药材和其他作物播种面积

单位：千公顷

地　　区	药　材	比上年增减（%）	其他作物	比上年增减（%）	#青饲料	比上年增减（%）
全国总计	**1 180.9**	**-1.10**	**5 684.7**	**-5.72**	**2 067.6**	**-9.95**
北　京	2.8	12.85	8.3	-3.40	2.2	-17.11
天　津			3.0	4.88	0.9	4.71
河　北	27.2	37.08	105.4	…	66.9	4.47
山　西	21.4	-8.40	30.2	-35.76	23.5	-19.57
内蒙古	26.9	-6.28	414.3	-17.28	319.4	-18.06
辽　宁	21.1	-9.36	32.0	-18.52	4.9	-0.81
吉　林	31.6	1.44	62.4	2.53	1.6	-22.85
黑龙江	30.9	-40.32	129.8	-52.94	68.4	-75.18
上　海	0.5	-2.13	38.4	-10.90	5.3	-9.17
江　苏	12.6	3.63	142.4	1.32	27.7	-19.61
浙　江	28.8	-3.94	211.8	-4.47	9.4	-8.41
安　徽	55.1	1.47	123.4	1.33	35.8	8.72
福　建	11.5	3.09	136.8	1.95	55.1	0.00
江　西	21.4	-12.46	338.3	-9.84	74.5	15.45
山　东	29.6	-5.31	53.9	4.03	5.0	3.93
河　南	117.8	6.05	139.3	-10.56	13.9	-25.12
湖　北	86.2	18.11	234.0	10.17	101.0	10.78
湖　南	53.9	7.10	550.1	4.01	206.7	-0.80
广　东	9.5	15.38	241.7	-1.58	60.1	-3.24
广　西	53.4	6.00	370.4	3.44	19.2	44.00
海　南	3.5	-6.10	46.8	-1.33	0.3	-31.60
重　庆	63.1	14.93	136.7	-16.20	83.2	0.44
四　川	92.6	2.88	385.6	-8.48	231.7	-8.31
贵　州	25.6	2.96	415.4	2.20	116.8	9.40
云　南	49.6	16.22	429.7	4.24	175.0	8.80
西　藏	…	…	20.6	4.47	19.8	4.92
陕　西	89.1	-38.73	43.0	-19.08	31.7	-20.65
甘　肃	165.2	2.90	193.3	-1.20	121.3	-4.03
青　海	0.5	-89.39	29.5	-1.14	28.2	-1.64
宁　夏	11.1	-25.85	130.3	-0.37	66.8	-4.60
新　疆	38.9	147.90	487.8	-6.19	91.5	141.35

全国茶叶、水果产量和面积增减情况（一）

项　　目	2009 年	2008 年	2009 年比 2008 年增减	
			绝对量	%
茶叶总产量（吨）	**1 358 642**	**1 257 600**	**101 042**	**8. 03**
红毛茶	71 944	69 692	2 252	3. 23
绿毛茶	1 006 302	926 587	79 715	8. 60
乌龙毛茶	159 062	144 142	14 920	10. 35
紧压茶原料	45 096	38 791	6 305	16. 25
其他茶	76 236	78 388	-2 152	-2. 75
园林水果总产量(吨)	**122 463 930**	**113 389 246**	**9 074 684**	**8. 00**
苹果	31 680 788	29 846 609	1 834 179	6. 15
红富士	21 799 659	19 909 198	1 890 461	9. 50
国光	1 659 619	1 696 213	-36 594	-2. 16
梨	14 262 979	13 538 142	724 837	5. 35
雪花梨	2 314 715	1 943 582	371 133	19. 10
鸭梨	2 367 180	2 514 160	-146 980	-5. 85
柑橘类	25 211 024	23 312 585	1 898 440	8. 14
柑	8 029 360	7 785 432	243 928	3. 13
橘	9 594 527	8 792 483	802 044	9. 12
橙	4 633 407	3 936 915	696 492	17. 69
柚	2 677 017	2 517 709	159 308	6. 33
热带亚热带水果	14 459 168	13 045 387	1 413 781	10. 84
香蕉	8 833 904	7 834 672	999 232	12. 75
菠萝	1 042 563	933 633	108 930	11. 67

全国茶叶、水果产量和面积增减情况（二）

项　　目	2009 年	2008 年	2009 年比 2008 年增减	
			绝对量	%
荔枝	1 695 586	1 507 266	188 320	12.49
龙眼	1 259 799	1 270 585	-10 786	-0.85
其他园林水果	34 915 345	32 095 752	2 819 593	8.78
桃	10 040 200	9 534 351	505 849	5.31
猕猴桃	875 125	673 977	201 148	29.84
葡萄	7 940 612	7 151 484	789 128	11.03
红枣	4 247 773	3 634 071	613 702	16.89
柿子	2 834 165	2 710 998	123 167	4.54
年末实有茶园面积（千公顷）	**1 848.5**	**1 719.6**	**128.9**	**7.50**
本年采摘面积	1 328.0	1 283.1	44.8	3.49
年末果园面积（千公顷）	**11 139.5**	**10 734.3**	**405.2**	**3.78**
苹果园	2 049.1	1 992.2	56.9	2.86
梨园	1 074.3	1 074.7	-0.4	-0.04
柑橘园	2 160.3	2 030.8	129.5	6.37
香蕉园	338.8	317.8	21.0	6.60
菠萝园	53.9	53.4	0.5	0.88
荔枝园	557.2	563.3	-6.1	-1.08
桃园	703.3	695.5	7.8	1.13
猕猴桃园	89.5	74.9	14.6	19.48
葡萄园	493.4	451.3	42.1	9.34

各地区茶叶产量和茶园面积（一）

地　　区	茶叶总产量（吨）	比上年增减（%）	红毛茶	绿毛茶	乌龙毛茶
全国总计	**1 358 642**	**8.03**	**71 944**	**1 006 302**	**159 062**
北　　京					
天　　津					
河　　北					
山　　西					
内 蒙 古					
辽　　宁					
吉　　林					
黑 龙 江					
上　　海					
江　　苏	15 721	1.51	2 337	12 958	
浙　　江	167 411	3.12	168	165 709	151
安　　徽	82 032	8.12	3 995	72 287	72
福　　建	265 659	7.44	6 545	109 187	139 082
江　　西	26 359	14.72	3 680	19 658	
山　　东	11 049	11.99		11 049	
河　　南	35 519	11.26		35 519	
湖　　北	144 244	10.73	11 830	119 853	
湖　　南	98 516	7.22	17 608	51 903	628
广　　东	51 410	6.25	1 780	24 966	18 731
广　　西	36 622	9.82	710	30 468	142
海　　南	1 084	7.22	75	965	
重　　庆	22 569	-8.30	2 330	17 116	
四　　川	154 666	11.03	1 240	123 771	106
贵　　州	41 883	20.05	225	28 691	4
云　　南	182 948	6.65	19 421	161 253	146
西　　藏	1	-66.70		…	
陕　　西	20 153	25.76		20 153	
甘　　肃	796	33.78		796	
青　　海					
宁　　夏					
新　　疆					

各地区茶叶产量和茶园面积（二）

地　　区	茶叶总产量（吨）		年末实有			
	紧压茶原料	其他茶	茶园面积（千公顷）	比上年增减（%）	本年采摘面　　积	比上年增减（%）
全国总计	**45 096**	**76 236**	**1 849**	**7.51**	**1 328.0**	**3.49**
北　　京						
天　　津						
河　　北						
山　　西						
内 蒙 古						
辽　　宁						
吉　　林						
黑 龙 江						
上　　海						
江　　苏		426	31	4.27	25.7	1.10
浙　　江	356	1 027	176	1.06	158.3	2.62
安　　徽		5 678	129	-0.08	112.7	-1.52
福　　建	10	10 835	195	3.13	173.4	3.30
江　　西		3 021	51	14.98	40.3	12.77
山　　东			16	-1.08	11.1	1.19
河　　南			60	8.59	51.0	15.35
湖　　北	10 252	2 309	206	11.95	149.1	11.27
湖　　南	19 879	8 498	90	5.10	75.5	6.44
广　　东	30	5 903	38	2.09	31.2	5.89
广　　西		5 302	49	5.76	39.4	4.94
海　　南		44	1	-7.14	0.9	-3.16
重　　庆		3 123	30	5.20	22.4	3.83
四　　川	14 306	15 243	200	12.42	138.1	10.53
贵　　州	249	12 714	132	25.69	60.9	11.59
云　　南	14	2 113	355	5.62	184.0	-13.39
西　　藏						
陕　　西			78	13.12	50.5	22.61
甘　　肃			12	6.18	3.6	28.62
青　　海						
宁　　夏						
新　　疆						

各地区园林水果产量（一）

单位：吨

地区	园林水果总产量	比上年增减（%）	苹果	红富士	国光	梨	雪花梨
全国总计	**122 463 930**	**8.00**	**31 680 788**	**21 799 659**	**1 659 619**	**14 262 979**	**2 314 715**
北京	855 022	0.48	119 676	95 356	11 727	155 889	26 401
天津	317 991	7.91	63 405	38 245	2 357	33 131	9 512
河北	11 040 692	4.74	2 767 973	1 745 563	255 269	3 640 682	823 811
山西	3 825 564	12.57	2 384 755	1 778 436	38 478	479 790	106 118
内蒙古	294 503	6.73	78 576	4 736	14 222	78 399	767
辽宁	4 772 144	12.95	1 948 100	800 055	670 318	1 103 509	52 594
吉林	640 620	-3.35	145 764	874	15 702	142 198	5 726
黑龙江	493 241	-16.90	140 670			41 164	
上海	451 590	-2.07	139			32 733	
江苏	2 354 138	0.37	572 333	375 224	1 211	662 410	29 199
浙江	3 854 784	-6.58				382 379	229 427
安徽	2 157 169	24.96	368 978	68 601	8 840	867 949	38 843
福建	5 640 848	1.94	300			183 967	
江西	3 270 764	18.78				117 653	21 643
山东	14 190 856	1.66	7 710 497	6 120 294	195 507	1 166 317	119 257
河南	7 559 013	5.86	3 886 253	2 588 029	297 198	922 590	315 589
湖北	4 008 568	6.14	11 445		2 317	468 461	
湖南	3 998 119	12.59				128 561	
广东	10 618 918	7.97				55 116	
广西	7 746 463	17.36				193 990	
海南	2 679 486	8.10					
重庆	1 807 067	11.22	6 887	1 113	1 105	259 982	73 879
四川	5 683 280	9.92	408 938	118 268	14 670	845 236	284 260
贵州	642 161	4.11	16 177	4 099	957	167 719	9 767
云南	3 038 481	14.15	269 289	142 214	10 197	278 681	55 066
西藏	8 747	3.22	4 427	4 421	6	1 420	1 420
陕西	11 504 464	7.75	8 051 728	6 379 007	30 590	629 939	33 042
甘肃	2 775 594	11.86	1 856 204	1 113 722	1 016	320 461	102
青海	14 575	10.07	5 729	2 207	841	4 835	
宁夏	567 573	14.47	327 487	163 076	38 855	22 831	871
新疆	5 651 495	25.35	535 058	256 120	48 236	874 988	77 421

各地区园林水果产量（二）

单位：吨

地区	梨	柑橘类	柑	橘	橙	柚	热带亚热带水果	香蕉
	鸭梨							
全国总计	**2 367 180**	**25 211 024**	**8 029 360**	**9 594 527**	**4 633 407**	**2 677 017**	**14 459 168**	**8 833 904**
北京	34 685							
天津	6 128							
河北	1 711 401							
山西	30 928							
内蒙古	1 545							
辽宁	55 273							
吉林	7 485							
黑龙江								
上海		235 776		235 776				
江苏	18 909	59 765	29 135	30 630				
浙江	19 120	1 975 382	859 537	870 565	22 952	202 182		
安徽	10 718	23 264	782	22 114	26			
福建		2 668 299	539 923	956 645	212 914	927 310		
江西	8 251	2 993 721	293 674	1 414 180	1 248 721	37 146	1 740 112	906 006
山东	291 357							
河南	59 362	40 068		40 068				
湖北		2 747 010	813 087	1 613 117	284 491	36 315		
湖南		3 384 746	1 341 165	1 565 355	383 901	94 325		
广东		3 220 505	647 708	1 802 428	231 056	539 313		
广西		2 892 339	1 747 633		720 245	424 461	5 923 257	3 578 810
海南		44 461	3 362	3 201	36 002	1 896	2 846 397	1 556 342
重庆	9 373	1 263 348	357 343	240 016	534 792	117 144	2 494 170	1 595 792
四川	62 468	2 773 464	946 780	470 817	885 745	275 528	4 996	1 620
贵州	6 798	194 240	85 118	65 142	26 638	11 482	101 767	31 499
云南	12 930	383 120	142 826	175 352	45 431	9 300	9 130	7 916
西藏		365		365			1 339 339	1 155 919
陕西	10 538	308 028	221 287	85 632	493	616		
甘肃	86	3 124		3 124				
青海								
宁夏	1 074							
新疆	8 751							

各地区园林水果产量（三）

单位：吨

地区	热带亚热带水果			其他园林水果				
	菠萝	荔枝	龙眼		桃	猕猴桃	葡萄	红枣
全国总计	**1 042 563**	**1 695 586**	**1 259 799**	**34 915 345**	**10 040 200**	**875 125**	**7 940 612**	**4 247 773**
北京				579 457	408 517	123	40 618	11 333
天津				221 455	61 544		104 560	31 134
河北				4 632 037	1 444 854	89	1 050 802	1 077 928
山西				961 019	260 852	177	129 413	395 660
内蒙古				137 528			46 983	
辽宁				1 720 535	506 750	250	642 124	115 873
吉林				341 067	720		144 685	
黑龙江				311 407			42 206	
上海				182 942	95 098	352	77 123	1 721
江苏				1 059 630	437 898	2 937	278 506	13 868
浙江				1 497 023	365 679	12 491	390 359	
安徽				896 978	380 300	1 400	214 046	18 537
福建				1 048 170	229 173	3 692	98 817	18
江西	41 031	127 126	234 378	159 390	45 745	10 484	24 564	
山东				5 314 042	2 442 602	2 786	935 686	1 077 117
河南				2 710 102	938 641	211 085	461 083	387 830
湖北				781 652	566 623	10 906	123 644	27 499
湖南				484 812	112 055	39 530	83 892	24 093
广东				1 420 040	78 011			
广西	636 154	945 561	571 279	1 813 737	155 297	2 198	180 790	19 978
海南	32 330	492 894	388 926	140 855				
重庆	296 554	110 822	34 387	271 854	78 000	3 876	31 124	3 580
四川		307	1 905	1 553 875	410 342	59 560	206 370	11 768
贵州		9 045	17 378	254 895	84 796	11 783	41 734	1 370
云南		250	430	768 053	173 082	992	167 090	8 651
西藏	36 494	9 581	11 116	2 535	1 250		1 286	
陕西				2 514 769	485 471	500 286	258 829	594 350
甘肃				595 806	161 822	128	116 185	94 108
青海				4 011	533		109	
宁夏				217 255	18 239		115 827	41 407
新疆				2 318 413	96 306		1 932 157	289 950

各地区果园面积（一）

单位：千公顷

地　　区	年末果园面　积	比上年增减（%）	苹果	梨	柑橘
全国总计	**11 139.5**	**3.78**	**2 049.1**	**1 074.3**	**2 160.3**
北　京	66.7	−7.54	8.2	9.8	
天　津	33.0	−2.28	5.3	3.6	
河　北	1 035.6	−2.44	235.5	194.1	
山　西	281.2	1.43	145.2	31.1	
内蒙古	52.2	−0.55	22.6	7.9	
辽　宁	349.7	8.06	121.9	97.9	
吉　林	57.9	−8.79	13.4	15.4	
黑龙江	35.3	−13.72	12.0	4.2	
上　海	24.7	−5.0	…	1.9	9.9
江　苏	192.7	7.84	34.8	37.3	4.6
浙　江	318.0	0.29		25.4	116.7
安　徽	104.5	−3.86	16.1	38.5	2.7
福　建	538.0	0.41	…	22.4	175.2
江　西	374.6	3.64		26.2	296.4
山　东	591.6	−1.28	270.4	45.2	
河　南	449.0	2.48	175.7	47.1	10.7
湖　北	367.6	5.80	2.2	38.2	225.6
湖　南	510.9	8.88		30.8	376.2
广　东	1 081.3	2.75		7.4	276.0
广　西	917.7	3.33		18.9	189.2
海　南	170.6	−0.31			4.4
重　庆	230.9	6.54	2.0	35.4	126.3
四　川	537.1	5.41	28.6	84.0	244.5
贵　州	140.8	5.66	6.9	43.6	38.6
云　南	309.4	7.05	30.5	48.3	34.1
西　藏	1.5	1.99	0.1		
陕　西	1 011.4	6.38	564.9	51.6	28.9
甘　肃	411.6	−0.07	261.6	35.6	0.3
青　海	4.5	9.20	2.5	0.9	
宁　夏	100.3	20.94	33.5	2.3	
新　疆	839.3	17.22	55.3	69.5	

各地区果园面积（二）

单位：千公顷

地区	年末果园面积					
	香蕉	菠萝	荔枝	桃	猕猴桃	葡萄
全国总计	**338.8**	**53.9**	**557.2**	**703.3**	**89.5**	**493.4**
北京				21.7	…	2.7
天津				3.9		5.2
河北				89.0	0.1	63.4
山西				13.5	…	10.3
内蒙古						6.0
辽宁				26.7	…	26.8
吉林				0.4		11.2
黑龙江						2.5
上海				6.7	0.1	4.2
江苏				33.1	0.6	18.1
浙江				26.3	2.9	17.0
安徽				23.1	0.4	6.8
福建	29.1	4.1	34.9	26.8	0.5	5.6
江西				10.8	1.9	2.4
山东				95.2	0.6	37.9
河南				70.3	8.9	29.6
湖北				46.9	3.0	6.2
湖南				25.9	9.3	15.2
广东	127.4	27.0	275.5	6.6		
广西	70.5	3.9	209.9	18.4	0.4	12.9
海南	50.2	14.6	25.7			
重庆	0.1		4.9	10.8	2.5	3.9
四川	1.2		2.9	43.8	13.8	16.2
贵州	1.7		0.3	19.5	5.8	7.6
云南	58.5	4.3	3.0	24.6	0.4	9.6
西藏				…		
陕西				31.4	38.3	23.9
甘肃				12.9		13.4
青海						…
宁夏				2.4		20.2
新疆				12.8		114.7

全国热带、亚热带作物面积和产量

单位：千公顷

指　　标	全国总计	福建	广东	广西	海南	云南
橡胶						
年末实有面积	4 696.49		37.84	3 733.00	464.29	461.36
当年新植	47.27		2.07		24.76	20.44
收获面积	2 014.41		26.60	1 480.00	323.24	184.57
产量（吨）	618 866		13 008	382	307 062	298 414
咖啡豆						
年末实有面积	36.76				0.17	36.59
当年新植	6.38				0.03	6.35
收获面积	22.53				0.09	22.44
产量（吨）	70 405				202	70 203
椰子						
年末实有面积	40.35		0.13		40.18	0.05
当年新植	0.11				0.11	
收获面积	27.41		0.11		27.26	0.05
产量（万个）	23 891		153		23 697	41
腰果						
年末实有面积	0.38				0.38	…
当年新植						
收获面积	0.28				0.28	
产量（吨）	370				369	1
香料作物						
年末实有面积	4.79					4.79
当年新植	0.11					0.11
收获面积	3.40					3.40
产量（吨）	1 119					1 119
香茅草						
年末实有面积	3.07					3.07
当年新植	0.08					0.08
收获面积	2.65					2.65
产量（吨）	1 034					1 034
剑（番）麻						
年末实有面积	30 670.65		7.92	30 660.00	2.43	0.30
当年新植	1 156.38		0.38	1 156.00	…	
收获面积	15 713.52		6.03	15 706.00	1.49	
产量（吨）	97 061		33 274	57 735	6 052	

注：橡胶按干胶计算产量；咖啡豆按干咖啡豆计算产量；椰子按果实计算产量；腰果按干果计算产量；香料作物折香料油；剑麻番麻按纤维计算产量。

全国花卉产销情况

类型	销售量		种植面积（公顷）	销售额（万元）	出口额（万美元）
	单位	数量			
合　计			**834 138.8**	**7 197 580.7**	**40 617.1**
鲜切花类	万枝	1 834 897.5	44 603.4	876 976.6	22 959.9
鲜切花	万枝	1 539 366.6	33 375.4	773 657.5	18 679.0
鲜切叶	万枝	174 166.1	6 037.4	47 642.8	3 399.4
鲜切枝	万枝	109 384.7	5 189.6	55 703.8	881.5
盆栽植物类	万盆	548 131.1	81 710.6	1 808 213.1	7 490.3
盆栽植物	万盆	330 979.9	47 630.7	1 177 599.4	4 013.5
盆景	万盆	31 139.3	14 387.5	345 247.4	1 837.4
花坛植物	万盆	186 012.0	19 692.5	285 366.3	1 248.2
观赏苗木	万株	1 003 784.7	452 741.2	3 431 000.1	2 428.7
食用与药用花卉	千克	71 600 038.3	128 224.9	424 015.5	264.4
工业及其他用途花卉	吨	783 302 3.8	63 383.7	162 420.8	2 248.2
草坪	万平方米	96 646.7	37 379.5	166 792.3	8.0
种子用花卉	千克	817 076.3	6 169.8	30 416.4	597.0
种苗用花卉	万株	319 199.5	10 947.2	148 520.0	2 584.2
种球用花卉	万粒	74 794.2	4 131.9	77 335.5	478.0
干燥花	万枝	331.0	32.3	11 072.0	1 435.0

注：食用与药用花卉计算干重；工业及其他用途花卉计算鲜重。

全国花卉保护地栽培情况

单位：万平方米

项　　目	合　　计	温　　室	节　　能日光温室	大（中、小）棚	遮荫棚
面积	81 767.5	21 490.5	10 965.3	31 930.2	27 843.6

全国花卉经营实体

项　　目	单　位	2009 年	2008 年	2009 年比 2008 年增减	
				绝对量	%
花卉市场	个	3 005	2 928	77	2.63
花卉企业	个	54 695	55 192	-497	-0.90
大中型企业	个	9 338	8 378	960	11.46
花农	户	1 360 193	1 302 240	57 953	4.45
从业人员	人	4 383 651	3 834 441	549 210	14.32
专业技术人员	人	149 588	146 450	3 138	2.14

注：花卉大中型企业是指种植面积在 3 公顷以上或年营业额在 500 万元以上的企业。

全国主要花卉产销情况

品　　种	种植面积（公顷）	销售量	销售额（万元）
主要鲜切花（万枝）	**31 060.5**	**1 413 742.8**	**735 780.5**
现代月季（玫瑰）	9 020.7	406 575.1	162 121.0
香石竹	2 396.3	213 375.4	62 596.2
百合	5 826.6	130 673.2	282 559.4
唐菖蒲	2 447.1	52 863.6	19 916.1
菊花	4 122.0	244 339.9	50 743.0
非洲菊	4 563.1	300 622.7	107 375.8
特色品种	2 536.3	53 946.7	40 563.7
主要盆栽植物（万盆）	**28 416.8**	**128 198.1**	**866 770.7**
凤梨类	3 935.5	13 227.7	124 989.5
兰花类	10 051.6	55 895.6	342 912.9
花烛属类	2 509.9	8 898.4	66 014.1
观叶芋类	3 301.5	9 796.3	79 164.3
杜鹃花类	495.4	1 399.3	11 330.8
沙生植物	357.0	5 009.1	17 574.3
虎皮兰	262.1	5 304.6	5 991.7
特色品种	6 563.9	16 346.9	134 242.8
主要盆景（万盆）	**3 473.9**	**4 514.4**	**88 272.8**
球根花卉（万盆）	**687.2**	**14 765.7**	**19 721.5**

三、畜 牧 业

全国主要畜产品生产情况

指　　标	单位	2009 年	2008 年	2009 年比 2008 年增减	
				绝对数	%
1. 大牲畜年末存栏	万头	12357.2	12250.7	106.5	0.86
牛	万头	10726.0	10576.0	150.0	1.40
马	万匹	678.5	682.1	-3.6	-0.53
驴	万头	648.4	673.1	-24.7	-3.82
骡	万匹	279.3	295.5	-16.2	-5.79
骆驼	万峰	24.8	24.0	0.8	3.23
2. 猪年末存栏	万头	46983.4	46291.3	692.1	1.47
3. 羊年末存栏	万只	28453.0	28084.9	368.1	1.29
山羊	万只	15799.6	15229.2	570.4	3.61
绵羊	万只	12653.4	12855.7	-202.3	-1.60
4. 猪出栏	万头	64527.1	61016.6	3510.5	5.44
5. 牛出栏	万头	4602.0	4446.1	155.9	3.39
6. 羊出栏	万只	26588.0	26172.3	415.7	1.56
7. 家禽出栏	亿只	106.1	102.2	3.9	3.68
8. 肉类总产量	万吨	7649.9	7278.7	371.2	4.85
猪牛羊肉	万吨	5 915.5	5 614.0	301.5	5.37
猪肉	万吨	4 890.5	4 620.5	270.0	5.84
牛肉	万吨	635.5	613.2	22.3	3.64
羊肉	万吨	389.5	380.3	9.2	2.41
9. 奶类产量	万吨	3 734.6	3 781.5	-46.9	-1.24
牛奶	万吨	3 520.9	3 555.8	-34.9	-0.98
10. 绵羊毛	吨	364 002	367 687	-3 685	-1.00
细羊毛	吨	127 352	123 838	3 514	2.84
半细羊毛	吨	113 018	104 838	8 180	7.80
11. 山羊毛	吨	49 453	44 406	5 047	11.37
12. 羊绒	吨	16 964	17 184	-220	-1.28
13. 禽蛋	万吨	2 740.6	2 702.2	38.4	1.42
14. 蜂蜜	万吨	40.2	40.0	0.2	0.50

各地区牧业主要产品产量
（2009）

单位：万吨

地区	肉类总产量	猪肉	牛肉	羊肉	奶类
全国总计	**7 649.9**	**4 890.5**	**635.5**	**389.5**	**3 734.6**
北京	47.2	24.1	2.1	1.4	67.4
天津	39.5	25.7	3.6	1.5	68.7
河北	426.6	253.6	55.3	28.0	461.0
山西	69.8	50.7	4.8	5.6	74.1
内蒙古	234.0	68.6	47.4	88.2	934.0
辽宁	389.2	218.8	40.2	7.8	115.6
吉林	226.2	113.2	41.8	3.6	44.5
黑龙江	187.6	108.2	36.8	11.6	534.7
上海	26.4	17.3		0.5	23.3
江苏	344.4	204.5	3.3	7.5	55.4
浙江	170.4	128.2	1.0	1.7	19.9
安徽	362.5	229.8	17.5	13.8	20.1
福建	175.1	142.9	2.2	1.7	15.6
江西	276.0	210.8	10.9	1.1	11.2
山东	684.1	341.3	69.6	32.9	258.1
河南	615.0	389.6	84.0	25.9	301.3
湖北	367.0	279.9	17.0	7.8	28.3
湖南	476.3	395.4	15.7	11.0	7.7
广东	427.0	262.1	6.1	0.9	14.4
广西	371.3	232.3	13.4	3.2	8.1
海南	66.0	39.7	2.3	1.1	0.4
重庆	187.7	146.5	5.9	2.1	7.9
四川	632.8	474.2	28.9	24.3	68.7
贵州	169.6	140.1	11.4	3.2	4.5
云南	304.6	230.8	28.0	12.1	105.9
西藏	24.0	1.2	14.2	8.4	28.7
陕西	98.7	75.0	7.8	7.3	185.8
甘肃	82.9	45.8	15.1	15.6	37.7
青海	26.9	9.2	8.1	8.8	25.3
宁夏	25.6	9.2	7.3	6.8	81.1
新疆	115.4	22.0	33.9	43.8	125.2

四、饲料工业

全国饲料生产情况

地区	企业个数（个）	职工总数（人）	产品产量（万吨）	配合饲料	浓缩饲料	添加剂预混合饲料
全国总计	**14 709**	**570 941**	**14 813.24**	**11 534.51**	**2 686.25**	**592.48**
北京	368	11 958	303.93	171.65	43.73	88.55
天津	272	8 034	202.73	134.66	50.60	17.47
河北	1 242	29 518	910.11	735.72	162.42	11.97
山西	278	18 818	241.09	142.24	93.99	4.87
内蒙古	607	15 942	237.20	143.28	89.70	4.22
辽宁	1 184	18 574	1 038.34	647.05	369.13	22.16
吉林	486	26 085	425.00	242.34	174.69	7.97
黑龙江	686	9 778	630.40	312.60	292.30	25.50
上海	164	8 668	144.34	110.38	13.83	20.14
江苏	702	39 710	638.43	580.12	29.52	28.79
浙江	527	22 517	451.79	427.00	5.64	19.15
安徽	361	18 222	246.06	223.26	18.50	4.29
福建	334	15 648	427.04	392.94	8.16	25.94
江西	360	17 755	460.76	339.35	84.38	37.03
山东	1 460	55 362	1 676.69	1 520.71	109.02	46.95
河南	869	31 992	1 046.80	645.53	368.03	33.24
湖北	369	17 050	473.12	401.70	58.16	13.26
湖南	638	26 577	856.04	696.57	110.84	48.63
广东	715	37 268	1 752.78	1 671.13	30.66	51.00
广西	350	16 511	576.08	530.06	37.68	8.35
海南	51	4 845	159.90	152.00	1.76	6.14
重庆	260	6 926	168.23	123.74	37.68	6.81
四川	804	47 707	680.68	540.06	108.68	31.94
贵州	106	2 449	64.56	30.41	33.85	0.30
云南	338	18 119	309.78	224.49	81.73	3.57
西藏						
陕西	510	29 867	352.44	144.67	190.67	17.11
甘肃	147	4 423	123.17	66.03	56.33	0.82
青海	86	1 342	10.93	10.86		0.07
宁夏	182	2 931	69.76	57.62	8.81	3.34
新疆	253	6 345	135.06	116.38	15.77	2.91

全国配合饲料生产情况

单位：万吨

地区	配合饲料						
		猪料	蛋禽料	肉禽料	水产料	反刍料	其他料
全国总计	**11 534.51**	**3 363.21**	**2 065.12**	**4 104.02**	**1 426.11**	**383.09**	**192.96**
北　京	171.65	19.40	23.90	89.14	10.67	23.94	4.60
天　津	134.66	19.00	19.53	37.73	32.95	13.08	12.36
河　北	735.72	123.53	439.42	88.57	34.14	43.46	6.60
山　西	142.24	45.26	54.06	34.70	2.32	5.57	0.33
内蒙古	143.28	11.32	22.24	27.55	2.29	52.51	27.35
辽　宁	647.05	99.76	286.87	187.09	40.07	18.01	15.24
吉　林	242.34	35.14	93.76	75.50	4.95	11.43	21.56
黑龙江	312.60	99.80	68.50	50.80	18.70	52.60	22.20
上　海	110.38	33.03	36.75	31.71	5.63	3.00	0.25
江　苏	580.12	62.94	85.38	197.90	221.02	5.42	7.47
浙　江	427.00	206.72	59.15	79.36	75.37	2.64	3.76
安　徽	223.26	42.23	27.80	144.61	6.89	0.73	0.99
福　建	392.94	148.20	47.05	123.72	72.06	0.06	1.86
江　西	339.35	197.25	32.88	35.22	31.54	38.92	3.54
山　东	1 520.71	200.19	103.96	1 129.07	37.05	23.48	26.96
河　南	645.53	236.99	125.66	211.82	49.97	16.45	4.65
湖　北	401.70	160.29	41.93	45.26	153.95		0.27
湖　南	696.57	422.54	39.35	113.20	117.09	2.95	1.45
广　东	1 671.13	491.51	130.48	740.26	301.34	0.34	7.19
广　西	530.06	219.81	44.75	226.19	39.14	0.17	
海　南	152.00	54.00	14.50	60.00	23.50		
重　庆	123.74	43.41	23.41	44.52	9.70	0.43	2.29
四　川	540.06	209.22	98.96	160.93	55.29	7.29	8.36
贵　州	30.41	11.56	4.23	11.34	1.82	1.10	0.36
云　南	224.49	61.10	49.79	76.94	33.95	0.79	1.92
西　藏							
陕　西	144.67	55.47	39.53	15.24	24.05	6.25	4.12
甘　肃	66.03	20.80	14.48	9.76	2.24	13.71	5.04
青　海	10.86	6.21	0.01	…		3.40	1.24
宁　夏	57.62	11.72	10.31	12.93	7.57	15.09	
新　疆	116.38	14.82	26.47	42.98	10.85	20.26	0.99

全国浓缩饲料生产情况

单位：万吨

地　区	浓缩饲料	猪料	蛋禽料	肉禽料	水产料	反刍料	其他料
全国总计	**2 686.25**	**1 542.37**	**579.45**	**317.16**	**12.79**	**187.04**	**47.45**
北　京	43.73	32.99	3.84	1.32	0.09	4.86	0.63
天　津	50.60	29.83	13.85	0.44	2.65	2.94	0.90
河　北	162.42	69.92	68.79	10.45		11.04	2.21
山　西	93.99	47.29	32.92	9.95	0.36	3.25	0.23
内蒙古	89.70	29.31	12.21	1.03	0.18	42.95	4.02
辽　宁	369.13	139.09	108.62	99.93	1.73	11.23	8.54
吉　林	174.69	113.86	29.70	24.14	0.85	4.71	1.43
黑龙江	292.30	96.20	65.50	56.60		55.70	18.30
上　海	13.83	12.39	0.01	0.02		1.40	0.01
江　苏	29.52	26.88	0.99	1.22	0.08	0.31	0.03
浙　江	5.64	5.26	0.10	0.01	0.24		0.03
安　徽	18.51	15.70	0.84	1.89	0.07	0.01	
福　建	8.16	7.99	0.01	…	0.14		0.02
江　西	84.38	65.95	9.66	7.71	0.32	0.52	0.23
山　东	109.02	76.02	17.07	11.24	0.44	2.79	1.47
河　南	368.03	220.03	93.84	38.38	1.18	10.23	4.37
湖　北	58.16	49.72	4.07	3.45	0.84		0.07
湖　南	110.84	99.81	5.35	5.51	0.15	0.02	
广　东	30.66	24.57	1.12	3.62	0.55		0.81
广　西	37.68	33.22	0.41	4.02	0.01	0.02	…
海　南	1.76	0.89	0.42	0.45			
重　庆	37.68	27.59	9.63	0.29		…	0.16
四　川	108.68	101.75	4.51	1.70	0.49	0.01	0.22
贵　州	33.85	33.00	0.18	0.63	0.01	0.02	0.01
云　南	81.73	72.54	2.82	5.64	0.40	0.16	0.16
西　藏							
陕　西	190.67	74.38	66.38	18.50	1.65	26.79	2.97
甘　肃	56.33	26.62	17.21	6.04	0.23	5.82	0.42
青　海							
宁　夏	8.81	3.22	2.49	1.18	0.12	1.59	0.22
新　疆	15.77	6.35	6.91	1.79	0.01	0.70	0.01

全国添加剂预混合饲料生产情况

单位：万吨

地区	添加剂预混合饲料	猪料	蛋禽料	肉禽料	水产料	反刍料	其他料
全国总计	**592.48**	**337.25**	**116.56**	**56.43**	**25.44**	**21.02**	**35.78**
北京	88.55	49.96	21.13	6.58	4.04	4.91	1.93
天津	17.47	7.87	5.31	0.27	0.37	2.68	0.95
河北	11.97	4.48	4.89	0.90	0.12	0.79	0.80
山西	4.87	1.86	1.68	0.81	0.05	0.46	0.01
内蒙古	4.22	0.64	0.23	0.25	0.07	2.37	0.67
辽宁	22.16	7.73	4.97	2.33	0.70	0.55	5.88
吉林	7.97	3.52	3.66	0.70			0.09
黑龙江	25.50	9.50	6.40	3.80	0.80	3.20	1.80
上海	20.14	11.73	3.09	0.99	0.21	1.05	3.07
江苏	28.79	12.54	11.27	3.34	1.21	0.13	0.30
浙江	19.15	9.33	3.39	2.22	1.71		2.50
安徽	4.29	2.82	0.79	0.58	0.04	0.06	
福建	25.94	20.20	1.09	2.80	1.47	0.01	0.38
江西	37.03	25.50	6.09	4.34	0.38	0.41	0.31
山东	46.95	16.45	19.60	6.08	0.17	0.84	3.82
河南	33.24	13.59	10.34	5.06	0.01	0.45	3.79
湖北	13.26	10.96	1.18	0.65	0.47		
湖南	48.63	40.04	1.63	5.59	0.05	0.27	1.05
广东	51.00	38.34	1.31	3.65	3.52	0.02	4.15
广西	8.35	7.63	0.22	0.44	0.04	0.02	
海南	6.14	1.06	0.39	0.49	4.21		
重庆	6.81	5.71	0.54	0.04	0.02		0.50
四川	31.94	24.38	1.82	1.50	3.92	0.12	0.20
贵州	0.30	0.28	0.01	0.01			
云南	3.57	2.05	0.53	0.74	0.14	0.07	0.03
西藏							
陕西	17.11	7.30	3.70	1.98	1.53	1.15	1.46
甘肃	0.82	0.28	0.20	0.18		0.16	0.01
青海	0.07	0.02				0.05	
宁夏	3.34	0.47	0.47	0.02	0.06	0.41	1.91
新疆	2.91	1.03	0.63	0.12	0.12	0.85	0.17

五、渔　业

各地区渔业乡、村及渔业人口

地 区	渔业乡（个）	渔业村（个）	渔业户（户）	渔业人口（人）	传统渔民
全国总计	**913**	**9 489**	**5 202 229**	**20 845 577**	**7 456 534**
北 京	17	65	7 083	29 300	12 058
天 津	1	8	18 080	69 646	36 728
河 北	40	271	65 622	282 561	144 947
山 西			2 002	7 218	45
内蒙古	4	32	7 588	41 066	5 774
辽 宁	132	690	211 666	843 462	443 274
吉 林	2	3	26 661	94 376	873
黑龙江			56 037	201 982	161 590
上 海		50	16 363	47 154	17 866
江 苏	17	492	393 576	1 638 826	554 281
浙 江	91	767	346 769	1 181 793	456 367
安 徽	11	197	214 917	931 326	325 105
福 建	49	586	442 339	1 776 274	1 005 952
江 西	28	346	345 913	1 594 377	314 400
山 东	142	2 256	444 460	1 572 483	608 878
河 南	24	513	129 881	598 444	45 946
湖 北	47	803	557 742	1 895 489	823 943
湖 南	5	274	295 860	1 340 378	170 173
广 东	83	982	512 030	2 442 342	1 157 131
广 西	5	207	231 763	959 497	366 168
海 南	29	438	95 441	475 065	319 081
重 庆		12	159 724	511 699	114 810
四 川	37	181	482 695	1 645 622	224 101
贵 州			41 290	208 567	37 065
云 南	1	42	71 629	340 637	84 709
西 藏		2	104	463	175
陕 西	145	257	12 541	57 798	17 217
甘 肃			3 172	10 449	1 497
青 海	2	12	432	1 668	
宁 夏			4 468	24 555	
新 疆	1	3	4 381	21 060	6 380

各地区渔业从业人员

单位：人

地区	从业人员	专业从业人员	捕捞	养殖	其他
全国总计	**13 847 271**	**7 577 467**	**1 811 648**	**4 960 772**	**805 047**
北京	20 222	12 279	1 054	8 934	2 291
天津	42 948	23 643	5 041	17 214	1 388
河北	223 771	104 135	36 778	51 199	16 158
山西	5 465	3 364	289	2 742	333
内蒙古	28 495	17 026	6 359	9 409	1 258
辽宁	582 872	403 654	141 646	227 303	34 705
吉林	42 771	4 768	332	3 911	525
黑龙江	126 928	90 778	22 880	60 481	7 417
上海	34 219	31 892	8 892	21 990	1 010
江苏	1 205 614	720 324	190 128	492 365	37 831
浙江	804 519	504 465	176 334	216 667	111 464
安徽	699 640	353 420	65 110	253 634	34 676
福建	914 954	555 855	202 385	291 667	61 803
江西	963 779	442 836	65 174	317 066	60 596
山东	1 197 438	672 683	229 539	332 160	110 984
河南	451 230	195 076	29 856	136 183	29 037
湖北	1 287 677	889 960	88 378	758 649	42 933
湖南	886 440	396 487	34 757	330 791	30 939
广东	1 349 629	873 379	258 438	555 555	59 386
广西	717 143	335 831	65 953	224 560	45 318
海南	266 436	201 763	117 144	55 806	28 813
重庆	356 776	187 548	12 491	158 654	16 403
四川	1 141 272	380 160	25 737	299 858	54 565
贵州	109 724	38 608	5 594	25 720	7 294
云南	300 230	93 722	16 763	71 828	5 131
西藏	175	117	117		
陕西	43 197	18 141	2 253	15 033	855
甘肃	8 611	3 293	30	3 148	115
青海	1 668	20		20	
宁夏	18 799	12 079	405	10 116	1 558
新疆	14 629	10 161	1 791	8 109	261

沿海地区海洋渔业乡、村及渔业人口

地　　区	渔业乡（个）	渔业村（个）	渔业户（户）	渔业人口（人）	传统渔民
全国总计	**405**	**3 793**	**1 482 663**	**5 756 318**	**3 318 275**
北　京			170	510	170
天　津	1	7	2 976	10 207	8 191
河　北	15	85	37 872	149 816	113 071
辽　宁	90	407	148 574	611 072	312 272
上　海		10	2 409	8 121	4 929
江　苏	10	109	54 906	277 649	122 820
浙　江	81	577	228 516	718 073	309 267
福　建	49	563	357 194	1 417 905	892 096
山　东	68	925	280 817	880 333	438 524
广　东	67	612	222 450	1 033 173	707 445
广　西	5	110	64 575	251 376	112 000
海　南	19	388	82 204	398 083	297 490

沿海地区海洋渔业从业人员

单位：人

地　　区	从业人员	专业从业人员	捕捞	养殖	其他
全国总计	**3 388 208**	**2 230 261**	**1 071 080**	**829 315**	**329 866**
北　京	150	150	150		
天　津	4 457	1 950	525	621	804
河　北	131 416	53 067	21 901	21 108	10 058
辽　宁	408 483	283 014	123 574	133 089	26 351
上　海	5 782	5 418	5 192		226
江　苏	196 805	112 972	63 202	41 300	8 470
浙　江	405 572	284 423	144 898	61 963	77 562
福　建	698 609	459 222	189 385	217 668	52 169
山　东	652 344	404 243	168 426	152 927	82 890
广　东	494 902	363 140	203 974	120 684	38 482
广　西	178 947	90 360	38 405	41 344	10 611
海　南	210 741	172 302	111 448	38 611	22 243

全国水产品产量增减情况

单位：吨

指　　标	2009年	2008年	2009年比2008年增减	
			绝对量	%
水产品总产量	**51 164 039**	**48 955 986**	**2 208 053**	**4.51**
海水产品	26 815 555	25 982 815	832 740	3.20
海洋捕捞	11 786 109	11 496 270	289 839	2.52
远洋渔业	977 226	1 083 309	-106 083	-9.79
海水养殖	14 052 220	13 403 236	648 984	4.84
淡水产品	24 348 484	22 973 171	1 375 313	5.99
淡水捕捞	2 183 878	2 248 194	-64 316	-2.86
淡水养殖	22 164 606	20 724 977	1 439 629	6.95
海水产品中：				
鱼类	8 808 224	8 643 430	164 794	1.91
甲壳类	3 035 863	2 887 563	148 300	5.14
贝类	11 200 207	10 724 660	475 547	4.43
藻类	1 484 067	1 422 615	61 452	4.32
头足类	643 255	637 910	5 345	0.84
其他类	666 713	583 328	83 385	14.29
淡水产品中：				
鱼类	21 098 988	19 984 581	1 114 407	5.58
甲壳类	2 288 320	2 100 650	187 670	8.93
贝类	519 572	500 899	18 673	3.73
藻类	7 108	6 249	859	13.75
其他类	434 496	380 792	53 704	14.10

注：水产品总产量海洋捕捞不含远洋。

各地区水产品产量及增减情况（一）

单位：万吨

地区	总产量	海水产品	海洋捕捞	远洋渔业	海水养殖	淡水产品	淡水捕捞	淡水养殖
全国总计	**5 116.40**	**2 681.56**	**1 178.61**	**97.72**	**1 405.22**	**2 434.85**	**218.39**	**2 216.46**
北　京	5.82	0.39		0.39		5.42	0.40	5.03
天　津	33.40	3.95	1.65	0.89	1.41	29.46	0.87	28.58
河　北	100.41	55.39	25.33		30.06	45.02	8.77	36.25
山　西	3.10					3.10	0.07	3.03
内蒙古	10.60					10.60	2.96	7.64
辽　宁	400.61	327.53	99.53	13.68	214.32	73.08	5.63	67.45
吉　林	16.52					16.52	1.92	14.60
黑龙江	38.07					38.07	4.31	33.76
上　海	30.90	15.64	2.19	13.45		15.26	0.48	14.79
江　苏	443.22	130.50	56.27	0.73	73.50	312.73	32.07	280.65
浙　江	440.31	353.81	266.64	10.71	76.46	86.51	9.03	77.47
安　徽	183.15					183.15	30.73	152.42
福　建	567.52	495.81	185.93	16.86	293.03	71.71	7.81	63.90
江　西	201.05					201.05	22.75	178.30
山　东	753.59	626.39	237.09	7.87	381.43	127.20	12.83	114.37
河　南	53.77					53.77	3.06	50.71
湖　北	333.89					333.89	26.22	307.67
湖　南	188.06					188.06	11.02	177.04
广　东	702.60	387.15	141.59	10.95	234.62	315.45	12.65	302.79
广　西	262.28	149.02	66.30	0.47	82.25	113.26	11.26	102.00
海　南	145.49	114.28	96.11		18.17	31.21	1.92	29.29
重　庆	20.39					20.39	0.99	19.40
四　川	100.13					100.13	5.77	94.36
贵　州	8.03					8.03	1.10	6.93
云　南	27.12					27.12	2.34	24.78
西　藏	0.05					0.05	0.04	0.01
陕　西	5.60					5.60	0.42	5.18
甘　肃	1.19					1.19		1.19
青　海	0.14					0.14	…	0.14
宁　夏	8.18					8.18	0.02	8.17
新　疆	9.50					9.50	0.92	8.59

注：全国产量包括中农发集团的数据。

各地区水产品产量及增减情况（二）

单位：万吨

地区	2009年比2008年增减绝对量							
	总产量	海水产品				淡水产品		
			海洋捕捞	远洋渔业	海水养殖		淡水捕捞	淡水养殖
全国总计	**220.81**	**83.27**	**28.98**	**-10.61**	**64.90**	**137.53**	**-6.43**	**143.96**
北京	-0.26	-0.32		-0.32		0.06	-0.01	0.07
天津	1.15	0.09	-0.23	0.32		1.07		1.06
河北	3.77	0.46			0.46	3.31	0.66	2.65
山西	0.03					0.03	-0.01	0.04
内蒙古	0.78					0.78	0.17	0.61
辽宁	22.95	11.40	-3.29	2.47	12.22	11.56	1.89	9.67
吉林	1.02					1.02	-0.09	1.11
黑龙江	2.49					2.49	0.14	2.35
上海	-1.44	-2.09	0.18	-2.27		0.64	0.10	0.55
江苏	18.22	5.25	-0.36	-0.44	6.05	12.98	-0.12	13.09
浙江	21.52	16.21	32.32	-9.49	-6.62	5.32	0.94	4.38
安徽	10.86					10.86	-0.28	11.14
福建	25.52	19.76	2.55	1.96	15.24	5.76	0.18	5.59
江西	10.66					10.66	-1.38	12.05
山东	23.29	16.92	-1.23	-1.93	20.08	6.38	-0.13	6.51
河南	3.19					3.19	0.10	3.09
湖北	20.50					20.50	-4.05	24.54
湖南	9.47					9.47	-4.93	14.40
广东	22.18	10.34	-3.88	2.58	11.64	11.84	0.16	11.68
广西	12.30	4.96	0.70	-0.40	4.66	7.34	0.70	6.64
海南	6.09	3.40	2.23		1.16	2.69	-0.06	2.76
重庆	1.33					1.33		1.33
四川	4.93					4.93	-0.04	4.97
贵州	0.23					0.23	-0.04	0.27
云南	1.66					1.66	-0.03	1.69
西藏								
陕西	0.38					0.38	0.01	0.37
甘肃	0.02					0.02	-0.08	0.09
青海	-0.01					-0.01		-0.01
宁夏	0.67					0.67		0.67
新疆	0.38					0.38	-0.22	0.60

各地区淡水捕捞产量

（按类别分）

单位：吨

地　区	捕捞产量	鱼类	甲壳类			贝类	其他
				虾	蟹		
全国总计	**2 183 878**	**1 526 285**	**327 813**	**275 318**	**52 495**	**284 331**	**45 430**
北　京	3 985	3 920	65	38	27		
天　津	8 749	5 127	1 261	1 243	18	1 017	1 344
河　北	87 733	77 559	6 263	5 479	784	3 120	791
山　西	749	743	6	5	1		
内蒙古	29 586	28 554	913	913			119
辽　宁	56 308	43 954	9 707	6 481	3 226	982	1 665
吉　林	19 186	18 750	254	222	32	180	2
黑龙江	43 149	42 106	665	665		377	1
上　海	4 768	4 565	138	124	14		65
江　苏	320 732	186 370	61 967	46 197	15 770	59 073	13 322
浙　江	90 343	45 504	7 121	6 064	1 057	36 190	1 528
安　徽	307 285	197 541	64 154	55 699	8 455	35 617	9 973
福　建	78 121	51 076	6 675	5 075	1 600	19 306	1 061
江　西	227 510	145 381	45 249	42 935	2 314	33 283	3 588
山　东	128 342	108 091	13 422	7 723	5 699	6 208	618
河　南	30 597	23 061	6 702	6 097	605	756	78
湖　北	262 154	180 603	63 317	55 835	7 482	13 918	4 316
湖　南	110 186	89 502	12 856	11 561	1 295	6 126	1 702
广　东	126 510	63 908	8 658	6 605	2 053	51 548	2 395
广　西	112 645	90 985	7 341	6 324	1 017	12 947	1 372
海　南	19 235	16 568	695	488	207	1 748	224
重　庆	9 880	8 768	590	495	95	342	180
四　川	57 679	52 210	4 144	3 583	561	784	541
贵　州	11 041	9 274	1 415	1 319	96	324	28
云　南	23 435	18 986	4 009	3 971	38	308	129
西　藏	408	338					70
陕　西	4 154	4 068	52	50	2		34
甘　肃							
青　海	40						40
宁　夏	194	194					
新　疆	9 174	8 579	174	127	47	177	244

注：捕捞产量中藻类 19 吨。

各地区淡水养殖产量（一）

（按品种分）

单位：吨

地 区	养殖产量	鱼类				
			草鱼	鲢鱼	鲤鱼	鳙鱼
全国总计	**22 164 606**	**19 572 703**	**4 081 520**	**3 484 442**	**2 462 346**	**2 434 555**
北 京	50 263	49 810	9 012	5 210	12 626	2 765
天 津	285 840	235 451	20 415	41 447	97 649	11 877
河 北	362 483	338 424	53 231	64 053	130 435	27 322
山 西	30 251	30 038	4 245	6 566	10 749	2 883
内 蒙 古	76 393	75 061	8 690	13 159	29 654	8 958
辽 宁	674 454	616 141	55 826	92 179	236 629	53 843
吉 林	145 998	145 599	13 395	40 171	38 352	27 990
黑 龙 江	337 551	333 248	23 369	64 616	146 873	27 692
上 海	147 867	87 392	22 945	17 172	1 032	8 946
江 苏	2 806 535	2 088 127	401 581	452 865	132 709	204 695
浙 江	774 716	518 663	73 060	115 107	31 527	72 985
安 徽	1 524 177	1 241 525	211 003	256 600	110 057	233 927
福 建	638 967	557 288	120 592	52 641	43 879	53 357
江 西	1 782 993	1 623 659	361 520	228 078	131 608	258 274
山 东	1 143 702	1 080 626	184 985	186 063	279 017	120 257
河 南	507 053	490 181	73 932	120 286	141 007	76 953
湖 北	3 076 742	2 698 171	765 346	592 316	160 774	345 661
湖 南	1 770 414	1 709 862	514 388	392 452	146 238	248 923
广 东	3 027 943	2 698 610	620 754	211 348	117 112	336 237
广 西	1 019 959	999 256	215 597	186 503	123 581	133 719
海 南	292 869	283 372	8 023	7 642	5 489	7 162
重 庆	194 020	193 546	39 560	52 215	22 757	19 129
四 川	943 638	931 220	164 569	214 263	115 883	107 217
贵 州	69 259	69 154	10 967	8 791	28 427	7 478
云 南	247 782	246 675	54 792	24 886	70 656	20 152
西 藏	92	92	20	2	20	
陕 西	51 846	51 756	12 938	11 651	16 976	4 617
甘 肃	11 926	11 897	2 634	1 401	2 502	712
青 海	1 360	1 334	50	20	120	
宁 夏	81 650	81 130	18 188	9 798	40 851	4 082
新 疆	85 863	85 395	15 893	14 941	37 157	6 742

各地区淡水养殖产量（二）
（按品种分）

单位：吨

地　区	鱼类						
	鲫鱼	罗非鱼	鲟鱼	鳗鲡	鳟鱼	鮰鱼	鲶鱼
全国总计	**2 055 478**	**1 257 978**	**28 723**	**214 698**	**16 357**	**223 233**	**325 268**
北　京	6 858	1 850	2 821		2 580	333	836
天　津	53 792	564					5 323
河　北	32 042	18 136	2 593		1 483	114	396
山　西	1 389	1 216	730		758		440
内蒙古	9 326	65			38	3	1 571
辽　宁	94 248	1 767	455		3 231	259	30 809
吉　林	13 835	26			149	26	2 351
黑龙江	49 221	235			108	91	2 624
上　海	24 193	56	55	208		482	76
江　苏	456 654	6 586	674	10 071	96	25 283	10 834
浙　江	69 200	1 917	1 526	3 528	154	2 264	2 423
安　徽	145 116	4 848	110	1 354	21	21 111	10 974
福　建	21 908	107 993	976	93 086	9	3 523	5 246
江　西	175 440	7 697	955	18 281	7	27 770	41 246
山　东	124 181	14 185	5 139		2 114	1 490	21 381
河　南	37 466	882	458		164	3 660	7 505
湖　北	315 893	8 406	3 230			40 365	22 826
湖　南	87 119	1 742	717		429	20 704	20 530
广　东	121 416	583 996	1 866	87 834	81	10 986	30 578
广　西	29 971	192 884	133	46	114	10 925	27 837
海　南	1 534	246 283	19	234			1 919
重　庆	42 535	3 052	351	50	26	4 050	2 640
四　川	106 725	3 690	5 060		1 139	45 637	68 924
贵　州	2 902	990	368	5	66	3 895	2 273
云　南	17 882	47 414	385	1	1 581	128	1 714
西　藏	6	19			14		
陕　西	2 289	388	34		125	45	422
甘　肃	658	40	41		1 456	6	70
青　海	109				35		
宁　夏	5 673	82	2		20	20	932
新　疆	5 897	969	25		359	63	568

各地区淡水养殖产量（三）

（按品种分）

单位：吨

地区	甲壳类	虾	罗氏沼虾	青虾	克氏原螯虾	南美白对虾
全国总计	**1 960 507**	**1 386 272**	**144 467**	**209 401**	**479 374**	**537 299**
北京	176	150				150
天津	49 771	48 486		304		150
河北	20 202	14 132		786		13 325
山西	84	77	6			71
内蒙古	484	144		104		40
辽宁	48 786	3 933				3 799
吉林	399	90	12	68		10
黑龙江	4 278	833				60
上海	59 276	44 618	7 614	805	18	36 181
江苏	648 987	361 693	80 621	104 083	86 595	88 694
浙江	120 661	111 055	12 203	20 313	5 017	71 093
安徽	209 562	126 057	1 952	39 329	83 921	612
福建	35 934	34 564	1 102	875	142	31 524
江西	77 061	64 344	441	19 980	43 498	425
山东	57 343	36 762	3 093	1 964	5 914	24 162
河南	11 187	9 257	564	1 835	6 410	448
湖北	336 907	261 286	1 409	12 427	244 579	2 871
湖南	13 977	8 573	498	2 988	1 503	189
广东	254 875	251 570	33 762	2 223	5	212 712
广西	5 458	4 928	966	811	204	2 191
海南	1 238	1 017				274
重庆	198	168	1		9	152
四川	2 025	1 838	106	147	1 487	13
贵州	69	51	3	47	1	
云南	552	470	111	274	71	14
西藏						
陕西	62	59	3	31		3
甘肃	25	6				
青海	26					
宁夏	520					
新疆	384	111		7		104

各地区淡水养殖产量（四）

（按品种分）

单位：吨

地 区	甲壳类	贝类				藻类
	蟹		河蚌	螺	蚬	
全国总计	**574 235**	**235 241**	**88 984**	**99 080**	**20 125**	**7 089**
北 京	26					
天 津	1 285					
河 北	6 070					
山 西	7					
内 蒙 古	340					848
辽 宁	44 853	13	5			
吉 林	309					
黑 龙 江	3 445					
上 海	14 658	210	210			
江 苏	287 294	37 489	12 188	19 224	4 717	867
浙 江	9 606	9 432	3 552	5 090	380	20
安 徽	83 505	46 539	28 167	17 275	988	
福 建	1 370	30 444	5 572	4 072	8 309	375
江 西	12 717	42 620	12 525	25 579	4 483	2 504
山 东	20 581	2 399	958	958	120	
河 南	1 930	795	61	725	9	1 371
湖 北	75 621	18 062	15 027	2 786	249	
湖 南	5 404	24 410	9 125	14 806	244	
广 东	3 305	14 532	732	3 070	456	
广 西	530	3 695	289	2 192	170	80
海 南	221	121		121		548
重 庆	30	110	5	105		
四 川	187	4 262	555	2 982		
贵 州	18	30	13	17		
云 南	82					476
西 藏						
陕 西	3					
甘 肃	19					
青 海	26					
宁 夏	520					
新 疆	273	78		78		

各地区淡水养殖产量（五）

（按品种分）

单位：吨

地 区	其他类	龟	鳖	蛙	珍珠（千克）	观赏鱼（万尾）
全国总计	**389 066**	**22 449**	**230 219**	**91 907**	**3 375 429**	**221 902**
北 京	277	1	138			29 539
天 津	618	372	35			50 177
河 北	3 857	2	3 726			31 500
山 西	129	113	16			2 552
内 蒙 古						37
辽 宁	9 514	3		9 508		25
吉 林						5
黑 龙 江	25			25		
上 海	989	73	675			6 128
江 苏	31 065	1 402	21 310	2 272	714 651	45 569
浙 江	125 940	9 657	101 867	10 188	1 432	11 233
安 徽	26 551	2 056	9 559	6 069	433 041	1 458
福 建	14 926	335	5 966	6 484	25 000	2 459
江 西	37 149	3 107	14 987	18 108	947 000	4
山 东	3 334	16	3 176	12		6 131
河 南	3 519	52	3 247	220		5 774
湖 北	23 602	1 524	20 475	1 340	262 688	492
湖 南	22 165	1 203	7 018	8 910	991 617	322
广 东	59 926	1 507	26 766	17 032		14 589
广 西	11 470	831	9 305	578		17
海 南	7 590	100	1 032	6 458		
重 庆	166	1	50	115		4 038
四 川	6 131	93	793	4 548		6 060
贵 州	6		4	2		
云 南	79	1	38	36		3 309
西 藏						
陕 西	28		28			9
甘 肃	4		2	2		
青 海						
宁 夏						360
新 疆	6		6			114

沿海地区海洋捕捞产量（一）

（按品种分）

单位：吨

地　区	海洋捕捞产　量	鱼类	带鱼	鳀鱼	蓝圆鲹	鲐鱼	鲅鱼
全国总计	**11 786 109**	**8 040 286**	**1 172 440**	**521 897**	**539 943**	**397 010**	**429 057**
天　津	16 459	8 572	24	891		1 594	403
河　北	253 317	136 802	5 735	31 860			8 257
辽　宁	995 312	554 477	23 262	71 827		40 998	62 342
上　海	21 865	11 547	395			37	
江　苏	562 663	347 348	73 643	1 713		25 851	7 311
浙　江	2 666 376	1 843 858	495 895	5 604	100 097	160 212	70 422
福　建	1 859 258	1 412 312	168 188	63 820	220 778	72 237	42 174
山　东	2 370 891	1 514 489	103 694	299 031		44 761	177 831
广　东	1 415 867	987 209	133 100	35 059	110 711	28 262	25 675
广　西	662 979	399 580	34 172		69 025	13 620	2 381
海　南	961 122	824 092	134 332	12 092	39 332	9 438	32 261

注：海洋捕捞产量不含远洋。

沿海地区海洋捕捞产量（二）

（按品种分）

单位：吨

地　区	鱼类						
	鲳鱼	小黄鱼	海鳗	金线鱼	沙丁鱼	石斑鱼	金枪鱼
全国总计	**373 145**	**372 895**	**340 564**	**306 456**	**134 377**	**86 021**	**31 369**
天　津	17	1 556				212	
河　北	970	7 637				45	
辽　宁	5 484	105 753	435	236	1 751	4 775	
上　海	393	209	485				18
江　苏	35 070	31 552	9 412		3 493	19	
浙　江	126 895	89 623	83 998	2 802	20 907	1 304	6 029
福　建	53 917	8 069	62 430	9 760	11 651	15 084	2 585
山　东	51 516	87 802	18 449		11 885	47	746
广　东	50 964	25 174	71 892	84 395	61 436	25 201	7 456
广　西	11 622		14 150	35 761	13 968	6 006	
海　南	36 297	15 520	79 313	173 502	9 286	33 328	14 535

沿海地区海洋捕捞产量（三）
（按品种分）

单位：吨

地区	甲壳类						
		虾				蟹	
			毛虾	对虾	鹰爪虾		梭子蟹
全国总计	**2 018 924**	**1 475 426**	**588 698**	**107 618**	**282 554**	**543 498**	**332 825**
天　津	2 766	1 903	86	63		863	341
河　北	54 908	43 859	11 959	2 137	2 329	11 049	9 432
辽　宁	194 008	155 051	49 395	1 805	12 483	38 957	14 612
上　海	9 908	3 957		82	1 183	5 951	2 810
江　苏	114 120	52 667	26 346	2 825	8 178	61 453	49 203
浙　江	672 831	557 442	235 768	14 788	147 196	115 389	71 213
福　建	276 208	155 621	56 739	16 695	38 987	120 587	74 318
山　东	315 117	271 825	122 842	5 247	42 497	43 292	28 697
广　东	227 206	152 894	53 824	43 955	17 356	74 312	44 970
广　西	113 549	65 131	27 052	16 822	8 276	48 418	28 257
海　南	38 303	15 076	4 687	3 199	4 069	23 227	8 972

沿海地区海洋捕捞产量（四）
（按品种分）

单位：吨

地区	贝类	藻类	头足类			其他类	
				鱿鱼	章鱼		海蜇
全国总计	**669 742**	**27 598**	**643 255**	**351 778**	**118 345**	**386 304**	**223 151**
天　津	3 892		1 229				
河　北	18 866		12 805	725	7 486	29 936	21 995
辽　宁	119 881	148	49 978	28 449	7 117	76 820	50 534
上　海			247	111	80	163	131
江　苏	43 750	854	20 126	11 587	5 713	36 465	22 346
浙　江	13 254	1 896	114 378	64 774	24 479	20 159	2 979
福　建	50 927	1 122	97 569	53 301	11 449	21 120	13 000
山　东	260 478	1 777	157 260	95 422	33 569	121 770	61 424
广　东	70 222	10 222	76 630	33 409	17 697	44 378	21 725
广　西	63 451		52 296	22 375	5 923	34 103	28 185
海　南	25 021	11 579	60 737	41 625	4 832	1 390	832

沿海地区海水养殖产量（一）
（按品种分）

单位：吨

地区	海水养殖产量	鱼类	鲈鱼	鲆鱼	大黄鱼	美国红鱼	石斑鱼
全国总计	**14 052 220**	**767 938**	**101 971**	**86 672**	**66 021**	**49 118**	**44 155**
天　津	14 067	2 142	11	1 398		30	165
河　北	300 567	14 718	1 147	2 666		35	1 120
辽　宁	2 143 168	40 008	1 213	23 613			
上　海							
江　苏	734 960	43 135	1 318	1 967		20	
浙　江	764 565	32 342	9 839	111	3 365	6 802	73
福　建	2 930 254	158 874	12 757	2 390	58 622	10 978	9 790
山　东	3 814 304	127 588	25 111	53 696	190	3 510	110
广　东	2 346 157	279 638	40 408	831	3 844	22 969	18 025
广　西	822 505	26 102	7 680			2 791	2 251
海　南	181 673	43 391	2 487			1 983	12 621

沿海地区海水养殖产量（二）
（按品种分）

单位：吨

地　区	鱼类					甲壳类	虾
	鲷鱼	军曹鱼	鲕鱼	河鲀	鲽鱼		
全国总计	**40 253**	**29 104**	**19 404**	**18 868**	**11 521**	**1 016 939**	**796 479**
天　津				18	79	11 925	11 922
河　北	10			3 410	12	18 009	15 568
辽　宁				4 989	395	25 828	24 997
上　海							
江　苏	29			170	1 106	66 465	44 089
浙　江	3 611		55	10	58	79 527	34 405
福　建	16 088	326	4 540	1 073	505	88 460	48 749
山　东	1 695			5 318	8 777	120 902	85 789
广　东	11 229	18 312	14 022	3 833	589	335 501	285 703
广　西	5 337	200				168 561	155 935
海　南	2 254	10 266	787	47		101 761	89 322

沿海地区海水养殖产量（三）
（按品种分）

单位：吨

地区	甲壳类						
	虾				蟹		
	南美白对虾	斑节对虾	中国对虾	日本对虾		梭子蟹	青蟹
全国总计	**580 843**	**60 210**	**44 388**	**50 407**	**220 460**	**95 788**	**115 881**
天　津	11 843		6		3	3	
河　北	7 314		4 084	4 170	2 441	2 241	100
辽　宁	10 126		11 857	2 302	831	770	
上　海							
江　苏	24 018	610	5 710	1 517	22 376	21 075	703
浙　江	21 894	924	2 959	3 057	45 122	22 489	22 403
福　建	30 437	5 317	3 384	7 048	39 711	13 372	24 322
山　东	44 392	1 629	10 842	27 268	35 113	33 967	140
广　东	215 366	36 425	5 546	4 867	49 798	1 801	43 219
广　西	135 945	13 353		178	12 626		12 626
海　南	79 508	1 952			12 439	70	12 368

沿海地区海水养殖产量（四）
（按品种分）

单位：吨

地区	贝类	牡蛎	蛤	扇贝	蛏	贻贝	蚶
全国总计	**10 530 465**	**3 503 782**	**3 192 461**	**1 276 770**	**683 806**	**637 373**	**276 742**
天　津							
河　北	264 007		80 983	174 114	65	250	8 390
辽　宁	1 663 522	130 715	771 596	312 599	22 441	35 135	29 751
上　海							
江　苏	591 293	10 988	365 989		87 835	54 329	15 361
浙　江	611 602	105 235	52 536	1 964	215 439	71 928	109 032
福　建	2 125 848	1 449 537	278 985	10 234	180 136	63 632	40 676
山　东	2 964 656	581 452	1 165 240	702 345	149 925	315 922	19 484
广　东	1 665 006	864 274	270 497	74 730	26 957	87 572	48 143
广　西	625 093	360 255	197 763	741	1 008	8 605	5 265
海　南	19 438	1 326	8 872	43			640

沿海地区海水养殖产量（五）

（按品种分）

单位：吨

地　区	贝类				藻　类		
	螺	蚶	鲍	江珧		海带	裙带菜
全国总计	**203 795**	**276 742**	**42 373**	**15 369**	**1 456 469**	**827 965**	**132 417**
天　津							
河　北	20	8 390					
辽　宁		29 751	879		248 235	138 812	103 062
上　海							
江　苏	55 437	15 361			32 623	5 980	89
浙　江	12 356	109 032	366		40 273	12 246	
福　建	3 017	40 676	29 113		554 313	431 631	662
山　东	9 105	19 484	6 548		505 713	236 335	28 195
广　东	92 618	48 143	4 909	15 369	58 539	2 961	409
广　西	29 413	5 265					
海　南	1 829	640	558		16 773		

沿海地区海水养殖产量（六）

（按品种分）

单位：吨

地　区	藻　类		其他类				
	江蓠	紫菜		海参	海胆（千克）	海水珍珠（千克）	海蜇
全国总计	**125 352**	**107 475**	**280 409**	**102 159**	**6 086 131**	**22 713**	**62 969**
天　津							
河　北			3 833	1 508			
辽　宁			165 575	36 134	2 891 000		50 752
上　海							
江　苏	16	26 524	1 444	134			1 310
浙　江	89	20 871	821	68			4
福　建	67 066	49 447	2 759	1 338			412
山　东	2 320	2 365	95 445	62 792	3 112 003		8 290
广　东	45 342	8 268	7 473	185	83 128	13 791	1 561
广　西			2 749			7 222	640
海　南	10 519		310			1 700	

各地区水产养殖面积

单位：公顷

地区	总面积	比上年增减	海水养殖	比上年增减	淡水养殖	比上年增减
全国总计	**7 283 138**	**733 206**	**1 859 313**	**280 404**	**5 423 825**	**452 802**
北京	5 077	292			5 077	292
天津	41 894	1 083	4 304	-65	37 590	1 148
河北	192 908	10 789	121 013	11 258	71 895	-469
山西	14 361	95			14 361	95
内蒙古	105 944	5 756			105 944	5 756
辽宁	832 605	266 633	630 700	219 144	201 905	47 489
吉林	230 210	3 980			230 210	3 980
黑龙江	285 980	21 846			285 980	21 846
上海	26 271	-2 904			26 271	-2 904
江苏	725 375	21 905	172 754	12 665	552 621	9 240
浙江	313 968	5 813	94 514	-1 625	219 454	7 438
安徽	509 814	34 602			509 814	34 602
福建	223 967	16 989	133 942	13 238	90 025	3 751
江西	417 056	51 182			417 056	51 182
山东	686 203	23 902	441 403	15 186	244 800	8 716
河南	204 126	57 486			204 126	57 486
湖北	649 729	66 378			649 729	66 378
湖南	383 000	21 308			383 000	21 308
广东	562 158	17 907	194 766	5 049	367 392	12 858
广西	217 827	8 433	50 670	3 290	167 157	5 143
海南	53 464	11 378	15 247	2 264	38 217	9 114
重庆	52 859	3 473			52 859	3 473
四川	179 028	9 625			179 028	9 625
贵州	25 517	661			25 517	661
云南	75 286	38 214			75 286	38 214
西藏	54	3			54	3
陕西	115 663	2 370			115 663	2 370
甘肃	12 564	140			12 564	140
青海	33 500	29 234			33 500	39 234
宁夏	33 297	5 117			33 297	5 117
新疆	73 433	-484			73 433	-484

各地区淡水养殖面积

单位：公顷

地 区	按水域分					
	池塘	湖泊	水库	河沟	其他	稻田
全国总计	**2 331 900**	**998 232**	**1 726 407**	**249 674**	**117 612**	**1 339 714**
北 京	4 739	100	160		78	
天 津	29 806	2 751	4 212	801	20	
河 北	27 428	4 219	38 341	1 350	557	5 512
山 西	1 712	2 168	10 211	89	181	
内蒙古	15 780	40 972	45 731	3 461		1 761
辽 宁	59 580		111 703	1 837	28 785	102 926
吉 林	26 148	67 342	126 683		10 037	
黑龙江	73 491	101 169	88 291	14 826	8 203	21 205
上 海	20 881	283		4 210	897	1 486
江 苏	350 226	98 979	23 385	62 073	17 958	165 311
浙 江	71 898	5 995	98 352	38 466	4 743	86 932
安 徽	174 920	206 029	77 949	39 764	11 152	49 798
福 建	33 363	828	48 223	4 947	2 664	20 779
江 西	147 199	107 269	145 368	13 508	3 712	78 480
山 东	115 677	16 402	103 507	6 051	3 163	305
河 南	76 452	2 527	118 859	6 256	32	1 175
湖 北	333 214	196 168	110 772	5 713	3 862	161 565
湖 南	181 037	88 660	111 368	743	1 192	
广 东	276 055	2 201	76 737	2 427	9 972	6 604
广 西	75 556		82 952	6 562	2 087	43 989
海 南	22 203	278	15 546	1	189	
重 庆	28 673	5 200	16 311	2 048	627	42 705
四 川	96 598	4 078	63 162	15 125	65	314 414
贵 州	2 978	118	21 081	965	375	116 128
云 南	24 204	12 395	38 211	456	20	118 252
西 藏	54					
陕 西	40 101	2 842	68 172	3 568	980	320
甘 肃	951	27	5 880	5 611	95	
青 海	300	4 200	29 000			
宁 夏	12 102	20 119	1 009	67		67
新 疆	8 574	4 913	45 231	8 749	5 966	

沿海地区海水养殖面积

单位：公顷

地区	海水养殖面积	按养殖水域分			按养殖方式分		
		海上	滩涂	其他	普通网箱（平方米）	深水网箱（立方水体）	工厂化（立方水体）
全国总计	**1 859 313**	**925 336**	**648 415**	**285 562**	**15 328 794**	**4 508 916**	**12 356 762**
天津	4 304			4 304			279 300
河北	121 013	72 561	29 345	19 107			813 073
辽宁	630 700	412 215	141 255	77 230	1 562 615	480 000	2 311 302
上海							
江苏	172 754	31 754	112 499	28 501			177 427
浙江	94 514	16 919	44 658	32 937	1 462 442	916 268	15 420
福建	133 942	60 291	52 159	21 492	7 286 203	398 144	3 646 923
山东	441 403	257 271	159 375	24 757	1 194 750	2 345 058	4 406 232
广东	194 766	57 176	78 261	59 329	2 390 132	208 102	339 470
广西	50 670	14 357	21 165	15 148	114 290	96 363	
海南	15 247	2 792	9 698	2 757	1 318 362	64 981	367 615

全国水产苗种增减情况

指标	单位	2009年	2008年	2009年比2008年增减绝对量
淡水鱼苗	亿尾	9 816	6 873	2 943
罗非鱼	亿尾	308	324	-16
淡水鱼种	吨	2 973 360	2 723 703	249 657
投放鱼种	吨	3 200 911	3 021 397	179 514
河蟹育苗量	千克	787 521	732 155	55 366
扣蟹	千克	42 625 849	35 428 408	7 197 441
稚鳖	万只	51 144	38 608	12 536
稚龟	万只	5 480	3 467	2 013
鳗苗捕捞量	千克	24 559	31 732	-7 173
海水鱼苗	万尾	387 441	328 804	58 637
大黄鱼	万尾	211 951	128 049	83 902
鲆鱼	万尾	30 373	26 695	3 678
虾类育苗量	亿尾	6 597	7 752	-1 156
南美白对虾	亿尾	4 484	3 770	713
贝类育苗量	亿粒	12 355	12 622	-267
鲍鱼	万粒	347 595	309 301	38 294
海带育苗量	亿株	262	256	6
紫菜育苗量	亿贝壳	14	28	-14
海参	亿头	518	273	245

全国水产养殖产量、面积和每公顷产量

指　　标	产　　量 （吨）	面　　积 （公顷）	单　　产 （吨/公顷）
总计	**36 216 826**	**7 283 138**	**4.97**
海水养殖	**14 052 220**	**1 859 313**	**7.56**
按水域分			
海上	7 398 170	925 336	8.00
滩涂	5 117 752	648 415	7.89
其他	1 536 298	285 562	5.38
其中：			
池塘	1 852 906	416 383	4.45
普通网箱	324 606	15 328 794 （平方米）	21.18 （千克/平方米）
深水网箱	59 121	4 508 916 （立方米水体）	13.11 （千克/立方米水体）
筏式	3 880 306	285 284	13.60
吊笼	523 294	49 574	10.56
底播	3 870 594	772 258	5.01
工厂化	102 804	12 356 762 （立方米水体）	8.32 （千克/立方米水体）
淡水养殖	**22 164 606**	**5 423 825**	**4.09**
按水域分			
池塘	15 488 542	2 331 900	6.64
湖泊	1 527 254	998 232	1.53
水库	2 684 093	1 726 407	1.55
河沟	697 123	249 674	2.79
以上四项合计	20 397 012	5 306 213	3.84
其他	604 927	117 612	5.14
稻田养成鱼	1 162 667	1 339 714	0.87
其中：			
围栏	530 666	2 584 140 703 （平方米）	0.21 （千克/平方米）
网箱	1 069 605	131 415 103 （平方米）	8.14 （千克/平方米）
工厂化	158 946	20 614 950 （立方米水体）	7.71 （千克/立方米水体）

各地区水产品加工（一）

地　区	水产加工企业		水产冷库			
	企业数（个）	加工能力（吨/年）	冷库（座）	冻结能力（吨/日）	冷藏能力（吨/次）	制冰能力（吨/日）
全国总计	**9 635**	**22 091 650**	**7 548**	**499 686**	**3 603 577**	**212 662**
北　京	5	5 545	218	59	26 620	129
天　津	5	1 965	17	232	200 945	42
河　北	266	490 848	238	5 998	55 107	4 512
山　西						
内蒙古	27	4 910	28	354	2 364	251
辽　宁	833	2 416 698	654	106 369	601 023	17 070
吉　林	19	22 307	27	155	1 130	2
黑龙江	27	4 400	20	320	2 980	66
上　海	30	49 450	52	1 031	21 527	434
江　苏	947	1 130 159	907	27 637	145 566	19 403
浙　江	2 133	2 457 284	1 340	33 173	708 655	30 265
安　徽	93	122 099	318	7 835	19 099	1 358
福　建	1 202	2 190 939	667	13 971	284 155	15 550
江　西	137	163 520	136	1 333	5 390	730
山　东	1 881	6 474 838	1 751	209 922	1 100 717	79 520
河　南	33	42 459	58	741	7 285	110
湖　北	205	876 520	231	46 904	58 413	14 081
湖　南	97	68 749	80	4 977	36 775	1 672
广　东	1 173	4 270 394	550	20 381	245 625	14 219
广　西	212	325 592	51	2 041	38 883	2 665
海　南	237	880 078	130	3 639	30 686	10 451
重　庆	3	280	7	12 015	5 010	26
四　川	6	28 800	5	90	460	13
贵　州	7	640	7	23	370	21
云　南	33	37 096	24	241	2 560	22
西　藏						
陕　西	16	23 800	2	35	32	50
甘　肃						
青　海	3	330	1			
宁　夏						
新　疆	5	1 950	29	210	2 200	

各地区水产品加工（二）

单位：吨

地　区	水产加工品总量	淡水加工	海水加工	水产冷冻品	冷冻品	冷冻加工品
全国总计	**14 773 334**	**2 279 306**	**12 494 028**	**9 411 169**	**4 896 807**	**4 514 362**
北　京	2 907	783	2 124	2 744	2 475	269
天　津	1 503	613	890	1 478	1 065	413
河　北	139 002	13 165	125 837	58 735	18 846	39 889
山　西						
内蒙古	5 531	5 531		4 231	3 831	400
辽　宁	1 860 367	27 772	1 832 595	1 205 616	332 544	873 072
吉　林	10 208	10 208		740	220	520
黑龙江	6 614	6 614		3 014	3 014	
上　海	154 167	8 533	145 634	153 967	150 129	3 838
江　苏	777 752	269 502	508 250	499 697	306 492	193 205
浙　江	2 009 115	127 448	1 881 667	1 538 577	1 115 713	422 864
安　徽	94 492	94 492		52 393	29 775	22 618
福　建	2 133 931	156 912	1 977 019	781 182	452 854	328 328
江　西	211 190	211 190		61 512	26 208	35 304
山　东	4 366 389	114 178	4 252 211	2 964 064	1 641 558	1 322 506
河　南	17 319	17 319		15 770	8 214	7 556
湖　北	525 690	525 690		221 224	71 468	149 756
湖　南	60 814	60 814		23 789	18 407	5 382
广　东	1 417 646	390 274	1 027 372	955 958	328 115	627 843
广　西	486 942	95 128	391 814	451 927	108 833	343 094
海　南	464 117	115 502	348 615	396 263	270 254	126 009
重　庆	193	193				
四　川	2 614	2 614		2 409	197	2 212
贵　州	1 641	1 641		525	525	
云　南	14 115	14 115		12 989	3 775	9 214
西　藏						
陕　西	6 280	6 280		395	395	
甘　肃						
青　海	1 000	1 000		600	600	
宁　夏						
新　疆	1 795	1 795		1 370	1 300	70

各地区水产品加工（三）

单位：吨

地区	水产加工品总量						
	鱼糜制品及干腌制品	鱼糜制品	干腌制品	藻类加工品	罐制品	水产饲料（鱼粉）	鱼油制品
全国总计	**2 235 389**	**847 929**	**1 387 460**	**904 623**	**220 823**	**1 364 600**	**24 724**
北京						140	
天津							
河北	14 255	470	13 785		5 955	58 016	35
山西							
内蒙古	142		142	848	310		
辽宁	155 684	52 772	102 912	289 348	15 659	60 080	1 960
吉林	9 440	860	8 580		8		20
黑龙江	3 200		3 200				
上海							
江苏	36 452	16 258	20 194	14 813	13 648	195 898	
浙江	246 949	77 079	169 870	14 006	29 903	137 386	1 635
安徽	10 197	6 324	3 873		2 350	28 398	
福建	441 225	223 424	217 801	329 495	26 687	440 660	3 200
江西	120 453	47 837	72 616	1 202	3 973	15 901	400
山东	608 140	206 287	401 853	242 902	35 643	292 642	16 950
河南	936	82	854	180	233	200	
湖北	279 978	98 645	181 333		23 428		
湖南	32 180	5 773	26 407	235	1 533	2 772	
广东	223 140	97 348	125 792	3 033	60 609	112 318	524
广西	24 447	12 868	11 579		154	327	
海南	26 392	930	25 462	8 085		13 977	
重庆	113		113				
四川	205		205				
贵州	1 116	972	144				
云南	72		72	476	578		
西藏							
陕西						5 885	
甘肃							
青海	400		400				
宁夏							
新疆	273		273		152		

各地区水产品加工（四）

单位：吨

地 区	水产加工品总量			用于加工的水产品量	淡水产品	海水产品
	其他水产加工品	助剂和添加剂	珍珠（千克）			
全国总计	**612 006**	**70 722**	**700 363**	**18 221 834**	**3 936 376**	**14 285 458**
北 京	23	23		3 072	948	2 124
天 津	25			1 503	613	890
河 北	2 006			423 632	14 529	409 103
山 西						
内 蒙 古				6 246	6 246	
辽 宁	132 020	2 000		3 452 136	42 208	3 409 928
吉 林				27 990	27 990	
黑 龙 江	400			10 214	10 214	
上 海	200			157 453	10 225	147 228
江 苏	17 244	150	458 350	1 129 554	504 798	624 756
浙 江	40 659	7 685	509	2 365 094	149 634	2 215 460
安 徽	1 154	30	15 022	104 454	104 454	
福 建	111 482	3 818		2 516 210	242 765	2 273 445
江 西	7 749	1 810	577	374 185	374 185	
山 东	206 048	50 251	3 500	3 111 564	93 486	3 018 078
河 南				39 961	39 961	
湖 北	1 060	105	4 800	957 467	957 467	
湖 南	305		212 700	98 917	98 917	
广 东	62 064	330	4 905	2 152 601	714 112	1 438 489
广 西	10 087	4 520		515 289	119 481	395 808
海 南	19 400			735 808	385 659	350 149
重 庆	80			780	780	
四 川				6 202	6 202	
贵 州				2 063	2 063	
云 南				27 144	27 144	
西 藏						
陕 西						
甘 肃						
青 海						
宁 夏						
新 疆				2 295	2 295	

各地区渔船年末拥有量（一）

地　区	渔船合计		机动渔船			
	艘	总吨	艘	海洋渔业	总吨	海洋渔业
全国总计	**1 042 395**	**9 181 446**	**672 633**	**295 847**	**8 595 260**	**6 843 549**
北　京	334	3 936	30	6	3 921	3 846
天　津	3 942	28 888	2 645	759	28 165	26 297
河　北	19 601	267 979	13 817	10 890	263 462	255 454
山　西	367	516	139		394	
内蒙古	1 679	3 010	1 175		2 604	
辽　宁	47 253	748 293	44 302	42 118	744 621	735 680
吉　林	7 341	9 053	4 070		5 782	
黑龙江	17 110	19 146	11 620		15 713	
上　海	2 393	117 042	1 869	607	116 728	108 826
江　苏	251 360	1 285 812	131 104	12 262	968 877	266 165
浙　江	84 611	2 384 587	51 773	33 504	2 346 712	2 285 997
安　徽	55 751	391 947	30 297		325 897	
福　建	68 767	831 934	64 895	60 960	828 096	822 214
江　西	51 943	175 876	30 960		157 468	
山　东	113 217	957 857	70 358	40 483	927 259	805 058
河　南	13 337	28 785	4 972		21 073	
湖　北	110 077	169 286	50 582		114 097	
湖　南	13 144	32 167	13 144		32 167	
广　东	76 629	815 546	70 320	55 858	807 263	770 520
广　西	29 838	318 347	28 921	12 424	317 013	293 718
海　南	25 960	400 281	25 762	25 648	399 731	342 048
重　庆	6 991	14 665	5 617		13 364	
四　川	15 831	16 797	7 396		10 192	
贵　州	9 034	13 192	3 469		8 134	
云　南	11 908	11 172	1 258		3 379	
西　藏	190	126	23		19	
陕　西	1 714	2 989	770		1 921	
甘　肃	76	57	8		23	
青　海	170	524	170		524	
宁　夏	12	64	12		64	
新　疆	1 487	3 846	827		2 871	

注：全国总计包括中农发集团的数据。

各地区渔船年末拥有量（二）

地 区	机动渔船		非机动渔船			
	千瓦	海洋渔业	艘	海洋渔业	总吨	海洋渔业
全国总计	**20 567 395**	**15 493 687**	**369 762**	**16 965**	**586 186**	**18 916**
北 京	6 327	4 587	304		15	
天 津	83 076	54 356	1 297		723	
河 北	508 857	464 627	5 784		4 517	
山 西	2 617		228		122	
内 蒙 古	16 416		504		406	
辽 宁	1 565 360	1 544 080	2 951	798	3 672	717
吉 林	40 776		3 271		3 271	
黑 龙 江	106 716		5 490		3 433	
上 海	186 001	163 244	524		314	
江 苏	2 923 031	663 421	120 256	661	316 935	1 132
浙 江	4 401 298	4 225 529	32 838	1 846	37 875	3 365
安 徽	416 663		25 454		66 050	
福 建	2 294 779	2 267 954	3 872	3 493	3 838	3 528
江 西	333 572		20 983		18 408	
山 东	2 135 002	1 729 196	42 859	3 888	30 598	2 857
河 南	78 197		8 365		7 712	
湖 北	417 717		59 495		55 189	
湖 南	89 800					
广 东	2 396 068	2 268 544	6 309	3 112	8 283	6 157
广 西	978 417	750 541	917	229	1 334	1 025
海 南	1 107 434	1 104 534	198	2 938	550	135
重 庆	43 514		1 374		1 301	
四 川	66 818		8 435		6 605	
贵 州	57 718		5 565		5 058	
云 南	30 807		10 650		7 793	
西 藏	227		167		107	
陕 西	6 727		944		1 068	
甘 肃	85		68		34	
青 海	5 945					
宁 夏	1 134					
新 疆	13 795		660		975	

调整后历年产量对照表

单位：万吨

年　　份	调整前水产品总产量	调整后水产品总产量	海洋捕捞	远洋渔业	海水养殖	淡水捕捞	淡水养殖
1980	517. 35	517. 35	312. 21		77. 75	37. 24	90. 15
1985	801. 69	801. 69	386. 86		124. 65	52. 26	237. 92
1986	935. 76	935. 76	430. 22	1. 99	150. 08	58. 32	295. 15
1987	1 091. 93	1 091. 93	479. 91	6. 39	192. 61	64. 61	348. 41
1988	1 225. 32	1 225. 32	504. 66	9. 64	249. 29	71. 98	389. 75
1989	1 332. 58	1 332. 58	548. 33	10. 71	275. 73	80. 78	417. 03
1990	1 427. 26	1 427. 26	594. 40	17. 09	284. 22	85. 64	445. 91
1991	1 572. 99	1 572. 99	644. 35	32. 35	333. 31	100. 39	462. 59
1992	1 824. 46	1 824. 46	720. 84	46. 43	424. 31	99. 09	533. 79
1993	2 152. 31	2 152. 31	795. 53	56. 22	540. 23	112. 07	648. 26
1994	2 515. 69	2 515. 69	925. 61	68. 83	604. 80	126. 79	789. 66
1995	2 953. 04	2 953. 04	1 054. 07	85. 68	721. 51	151. 02	940. 76
1996	3 280. 72	3 280. 72	1 152. 99	92. 65	765. 89	175. 43	1 093. 76
1997	3 601. 78	3 118. 59	1 092. 73	103. 70	691. 66	163. 45	1 067. 04
1998	3 906. 65	3 382. 66	1 201. 25	91. 31	751. 99	197. 51	1 140. 60
1999	4 122. 43	3 570. 15	12 03. 46	89. 91	851. 89	197. 95	1 226. 94
2000	4 278. 99	3 706. 23	1 189. 43	86. 52	927. 96	193. 44	1 308. 88
2001	4 382. 09	3 795. 92	1 155. 64	88. 49	989. 38	186. 23	1 376. 20
2002	4 565. 18	3 954. 86	1 128. 34	1 09. 64	1 060. 47	194. 71	1 461. 69
2003	4 706. 11	4 077. 02	1 121. 20	115. 77	1 095. 86	213. 28	1 530. 92
2004	4 901. 77	4 246. 57	1 108. 08	145. 11	1 151. 29	209. 60	1 632. 49
2005	5 101. 65	4 419. 86	1 111. 28	143. 81	1 210. 81	220. 97	1 733. 00
2006	5 290. 40	4 583. 60	1 136. 40	109. 07	1 264. 16	220. 38	1 853. 59
2007		4 747. 52	1 136. 03	107. 52	1 307. 34	225. 64	1 970. 99
2008		4 895. 60	1 149. 63	108. 33	1 340. 32	224. 82	2 072. 49
2009		5 116. 40	1 178. 16	97. 72	1 405. 22	218. 39	2 216. 46

注：1997 年及以后数据为按照农普数据调整以后统计结果，1996 年及以前统计数据为原来统计调查结果。

六、乡镇企业

各地区乡镇企业单位数（一）

单位：个

地区	合计	农林牧渔业	工业企业	建筑业	交通运输仓储业
全国总计	**5 899 524**	**171 314**	**2 774 442**	**219 961**	**533 200**
北京	22 596	329	13 702	958	1 217
天津	41 523		41 523		
河北	136 690	2 782	87 013	6 882	4 199
山西	65 733	2 839	29 921	3 661	7 822
内蒙古	149 426	2 636	34 031	2 947	15 819
辽宁	145 772		118 251	11 198	7 835
吉林	66 310	6 302	21 769	1 710	13 801
黑龙江	60 523	443	25 507	2 637	6 067
上海	39 905		39 905		
江苏	604 469	2 503	325 971	9 956	44 271
浙江	757 258	1 095	356 214	14 235	81 686
安徽	244 078	5 024	208 876	14 801	4 044
福建	251 036	9 162	116 007	8 143	17 748
江西	148 160	9 491	60 304	9 702	15 379
山东	554 242	9 428	265 392	17 492	37 068
河南	258 400	27 221	137 303	12 090	10 638
湖北	266 148	9 605	76 853	12 004	30 242
湖南	799 933	44 617	306 960	42 955	123 757
广东	395 142	5 913	171 273	12 688	22 936
广西	218 335	2 610	51 454	4 205	32 408
海南	15 963	1 624	4 385	593	850
重庆	91 145	5 019	33 467	6 571	5 812
四川	249 424	8 601	84 727	8 108	23 746
贵州	102 645	2 894	47 039	3 977	13 022
云南	31 726	1 068	17 043	1 172	1 246
西藏					
陕西	108 283	7 235	67 267	7 747	1 203
甘肃	34 012	1 283	16 003	2 157	2 932
青海	8 106	82	3 120	169	770
宁夏	18 383	466	5 452	695	5 573
新疆	14 158	1 042	7 710	508	1 109

注：各地区乡镇企业主要经济指标数据不含个体工商户（下同）。

各地区乡镇企业单位数（二）

单位：个

地 区	批发零售业	住宿及餐饮业	社会服务业	其他企业
全国总计	**1 198 691**	**417 582**	**314 234**	**270 100**
北 京	2 894	909	2 290	297
天 津				
河 北	21 898	6 529	6 523	864
山 西	12 229	5 423	3 050	788
内 蒙 古	52 814	22 904	15 886	2 389
辽 宁	5 157	2 165	425	741
吉 林	13 159	3 993	4 104	1 472
黑 龙 江	13 829	7 141	4 217	682
上 海				
江 苏	125 180	37 683	39 266	19 639
浙 江	182 602	35 107	42 658	43 661
安 徽	5 718	3 315	1 664	636
福 建	52 148	18 654	15 570	13 604
江 西	19 610	15 613	10 908	7 153
山 东	125 114	42 978	32 353	24 417
河 南	27 627	10 795	8 657	24 069
湖 北	64 790	34 652	25 713	12 289
湖 南	156 103	58 549	24 949	42 043
广 东	103 387	33 838	19 738	25 369
广 西	64 246	21 617	13 443	28 352
海 南	3 182	3 594	1 409	326
重 庆	23 186	3 150	9 675	4 265
四 川	65 609	27 807	20 819	10 007
贵 州	18 006	9 430	4 713	3 564
云 南	6 635	1 791	2 113	658
西 藏				
陕 西	17 841	4 353	1 527	1 110
甘 肃	8 072	2 298	492	775
青 海	2 030	1 113	276	546
宁 夏	4 514	928	728	27
新 疆	1 111	1 253	1 068	357

各地区乡镇企业从业人员（一）

单位：人

地　　区	合　　计	农林牧渔业	工业企业	建筑业	交通运输仓储业
全国总计	**96 335 219**	**1 821 137**	**69 455 502**	**7 911 794**	**2 776 710**
北　京	862 022	11 474	543 739	77 800	24 921
天　津	1 308 596		1 308 596		
河　北	5 471 147	50 210	4 339 577	427 337	63 440
山　西	2 338 746	41 797	1 664 878	176 712	100 337
内蒙古	1 492 136	34 027	747 288	183 649	55 914
辽　宁	3 452 751		1 915 603	277 554	335 309
吉　林	1 223 207	56 216	666 536	61 346	54 616
黑龙江	795 964	5 349	506 656	79 121	32 659
上　海	2 536 341		2 536 341		
江　苏	14 344 805	70 749	11 294 523	953 765	294 865
浙　江	10 965 228	14 616	9 222 882	615 566	166 686
安　徽	3 293 436	46 274	2 742 639	435 863	20 055
福　建	5 801 933	159 115	4 415 727	295 087	136 340
江　西	2 923 479	106 683	1 732 421	250 194	149 995
山　东	12 156 444	221 126	8 593 990	989 665	355 920
河　南	5 584 058	269 832	3 938 513	531 871	98 477
湖　北	4 847 282	153 048	2 695 317	540 184	168 515
湖　南	6 567 253	322 111	4 370 868	718 667	282 443
广　东	10 067 740	97 788	8 217 789	309 207	135 024
广　西	2 200 631	34 207	1 380 905	83 656	98 313
海　南	205 506	28 393	80 996	15 064	8 039
重　庆	2 443 129	62 203	1 323 525	595 021	78 377
四　川	4 853 757	117 714	2 858 835	689 702	181 400
贵　州	1 519 007	54 450	988 318	129 039	63 950
云　南	1 611 925	50 431	958 531	273 319	37 879
西　藏					
陕　西	2 348 548	69 051	1 456 404	160 228	227 095
甘　肃	1 138 135	24 967	561 089	332 827	60 997
青　海	89 462	1 029	50 035	8 697	3 599
宁　夏	242 845	8 638	148 601	42 310	14 252
新　疆	289 706	24 204	191 442	24 949	6 915

各地区乡镇企业从业人员（二）

单位：人

地　区	批发零售业	住宿及餐饮业	社会服务业	其他企业
全国总计	**6 872 934**	**3 530 532**	**2 082 819**	**1 883 791**
北　京	58 110	34 127	97 414	14 437
天　津				
河　北	325 872	139 863	109 324	15 524
山　西	198 863	98 402	40 451	17 306
内蒙古	229 299	149 450	71 982	20 527
辽　宁	473 307	213 142	124 837	112 999
吉　林	227 083	95 301	32 513	29 596
黑龙江	72 954	55 167	35 046	9 012
上　海				
江　苏	781 426	332 060	301 247	316 170
浙　江	552 569	153 870	142 790	96 249
安　徽	17 409	18 032	9 117	4 047
福　建	387 651	185 051	119 513	103 449
江　西	248 044	224 563	104 933	106 646
山　东	998 527	517 629	276 829	202 758
河　南	359 864	207 432	68 427	109 642
湖　北	600 297	313 905	190 160	185 856
湖　南	435 440	207 538	79 487	150 699
广　东	533 952	388 934	192 539	192 507
广　西	242 020	110 990	62 343	188 197
海　南	27 343	30 325	12 284	3 062
重　庆	187 664	85 594	45 183	65 562
四　川	387 198	263 112	188 351	167 445
贵　州	126 759	74 642	42 360	39 489
云　南	178 830	46 648	45 684	20 603
西　藏				
陕　西	276 375	132 127	20 560	6 708
甘　肃	99 485	33 854	10 496	14 420
青　海	7 906	4 676	2 684	10 836
宁　夏	15 368	9 144	3 467	1 065
新　疆	10 482	14 783	12 564	4 367

各地区乡镇企业增加值（一）

单位：万元

地　　区	合　　计	农林牧渔业	工业企业	建筑业	交通运输仓储业
全国总计	**692 140 232**	**8 374 862**	**552 134 603**	**34 579 514**	**16 535 027**
北　京	5 589 277	40 184	3 535 885	482 665	155 664
天　津	13 000 000		13 000 000		
河　北	53 282 824	384 096	43 248 736	2 373 245	1 414 095
山　西	17 317 977	153 068	13 252 429	866 835	748 220
内蒙古	10 010 385	242 769	6 561 781	644 527	364 354
辽　宁	47 167 975		31 948 521	2 607 169	3 715 032
吉　林	7 719 299	191 003	6 064 162	424 812	175 457
黑龙江	4 894 456	17 478	3 325 616	451 400	201 549
上　海	26 096 001		26 096 001		
江　苏	150 125 120	295 916	122 598 327	4 657 481	2 297 315
浙　江	78 704 037	62 927	68 949 511	2 953 459	899 629
安　徽	12 118 524	135 130	10 010 044	1 757 928	51 178
福　建	33 520 003	540 021	27 101 070	1 343 240	624 122
江　西	17 715 692	347 444	13 612 004	979 663	517 978
山　东	128 216 901	2 539 062	99 763 839	6 889 033	3 507 406
河　南	36 251 160	952 977	29 614 012	1 565 665	521 177
湖　北	31 239 359	1 067 174	23 153 168	1 660 834	902 948
湖　南	28 192 222	1 048 982	18 440 281	3 230 783	1 450 531
广　东	50 089 077	411 985	43 380 518	1 157 768	592 992
广　西	6 155 864	76 748	4 929 062	170 459	199 055
海　南	537 327	50 232	292 150	32 576	16 695
重　庆	18 944 155	277 512	12 094 065	3 073 699	484 692
四　川	31 288 518	629 224	24 846 561	1 986 210	704 165
贵　州	6 486 496	93 858	5 127 924	348 376	183 968
云　南	7 163 107	100 639	5 312 129	618 603	156 734
西　藏					
陕　西	11 592 241	322 170	9 036 658	928 014	5 657
甘　肃	3 622 386	83 082	2 365 973	574 815	128 131
青　海	283 335	1 321	219 983	17 630	8 737
宁　夏	1 367 540	31 329	1 121 338	86 227	27 470
新　疆	1 458 974	69 445	1 203 498	91 018	15 992

各地区乡镇企业增加值（二）

单位：万元

地　区	批发零售业	住宿及餐饮业	社会服务业	其他企业
全国总计	**42 592 501**	**14 889 464**	**10 880 919**	**12 153 342**
北　京	544 058	115 051	529 499	186 271
天　津				
河　北	3 653 083	846 187	764 133	599 249
山　西	1 435 305	592 784	167 374	101 962
内蒙古	1 177 731	491 078	336 211	191 934
辽　宁	4 523 573	1 704 623	1 105 518	1 563 539
吉　林	446 586	133 710	80 172	203 397
黑龙江	351 579	243 675	283 058	20 101
上　海				
江　苏	12 365 386	2 010 548	2 326 008	3 574 139
浙　江	3 930 654	524 115	812 865	570 877
安　徽	60 380	46 512	43 004	14 348
福　建	2 135 731	697 019	544 225	534 575
江　西	802 384	570 917	245 439	639 863
山　东	6 108 746	4 391 122	2 583 483	2 434 210
河　南	1 869 440	731 210	569 183	427 496
湖　北	2 316 781	1 028 869	696 741	412 844
湖　南	2 277 056	911 899	350 270	482 420
广　东	2 126 422	964 035	574 450	880 907
广　西	392 957	170 299	61 196	156 088
海　南	61 238	45 144	18 503	20 789
重　庆	1 441 711	585 560	234 411	752 505
四　川	1 261 920	635 040	548 892	676 506
贵　州	379 856	173 480	80 945	98 089
云　南	585 272	154 524	140 222	94 984
西　藏				
陕　西	1 016 614	176 646	58 097	48 385
甘　肃	327 072	77 255	26 788	39 270
青　海	12 970	9 380	2 460	10 854
宁　夏	63 223	21 041	9 439	7 473
新　疆	32 922	21 763	15 152	9 184

各地区乡镇企业总产值（一）

单位：万元

地区	合计	农林牧渔业	工业企业	建筑业	交通运输仓储业
全国总计	**3 120 539 061**	**34 757 882**	**2 553 625 400**	**150 414 005**	**56 155 333**
北京	29 687 913	177 276	17 750 013	3 076 917	851 418
天津	54 159 149		54 159 149		
河北	197 320 309	1 382 213	160 710 283	7 960 509	4 476 345
山西	56 787 427	549 686	44 662 753	2 619 364	2 346 924
内蒙古	30 347 884	879 081	19 140 823	2 513 113	1 151 871
辽宁	181 838 442		139 492 222	9 497 400	1 245 148
吉林	25 830 593	614 308	19 818 010	1 093 943	1 026 677
黑龙江	18 933 343	56 672	13 111 892	1 695 362	737 880
上海	133 429 397		133 429 397		
江苏	664 847 964	1 071 757	557 625 946	19 227 711	8 613 379
浙江	405 813 174	409 554	360 111 338	17 853 139	3 500 289
安徽	47 706 010	589 933	39 440 364	6 479 605	338 704
福建	131 888 855	2 229 925	107 849 881	5 246 462	2 320 116
江西	56 969 973	1 033 112	44 518 295	3 233 795	1 762 324
山东	550 870 286	10 193 438	437 065 751	28 953 703	15 178 022
河南	127 703 903	3 346 593	103 804 829	5 781 247	1 714 836
湖北	100 825 311	3 757 080	72 895 722	6 333 292	2 995 860
湖南	94 244 697	3 342 829	61 496 664	10 989 963	4 533 555
广东	221 479 002	1 540 317	197 731 982	4 497 284	2 046 379
广西	23 434 904	480 538	18 435 761	669 780	791 686
海南	1 962 879	175 423	1 181 867	160 110	57 209
重庆	66 307 238	951 126	42 549 985	10 971 447	1 751 591
四川	106 503 883	2 463 798	84 653 531	6 817 060	2 393 262
贵州	23 623 760	369 563	18 340 419	1 190 011	697 110
云南	28 740 375	426 114	21 797 702	2 813 063	602 415
西藏					
陕西	35 042 766	1 607 938	26 884 417	2 911 150	27 022
甘肃	13 421 097	289 381	8 281 519	2 321 092	538 787
青海	1 056 576	4 431	811 715	69 104	33 279
宁夏	5 078 243	106 425	4 014 251	387 109	134 377
新疆	5 503 708	282 800	4 395 002	515 208	62 151

各地区乡镇企业总产值（二）

单位：万元

地区	批发零售业	住宿及餐饮业	社会服务业	其他企业
全国总计	**186 767 430**	**58 347 538**	**38 428 299**	**42 043 174**
北京	5 103 224	355 587	1 618 325	755 153
天津				
河北	14 762 336	3 109 618	3 066 111	1 852 894
山西	4 072 622	1 680 527	545 697	309 854
内蒙古	3 536 782	1 663 633	1 091 113	371 468
辽宁	16 996 594	6 292 679	3 420 537	4 893 862
吉林	1 825 484	560 956	277 617	613 598
黑龙江	1 177 236	875 242	1 221 686	57 373
上海				
江苏	52 530 891	5 954 274	7 006 525	12 817 481
浙江	20 287 318	1 616 124	1 612 391	423 021
安徽	353 031	218 184	174 182	112 007
福建	7 412 613	3 319 282	1 763 239	1 747 337
江西	2 783 328	1 784 157	845 394	1 009 568
山东	26 890 210	16 904 460	8 837 477	6 847 225
河南	6 810 145	2 570 713	2 014 064	1 661 476
湖北	8 101 380	3 535 481	2 115 271	1 091 225
湖南	8 078 106	2 880 498	1 086 920	1 836 162
广东	7 246 563	3 632 596	1 757 493	3 026 388
广西	1 539 907	704 763	247 117	565 352
海南	137 826	129 676	45 829	74 939
重庆	4 554 396	2 023 883	837 014	2 667 796
四川	4 160 939	2 172 938	1 544 863	2 297 492
贵州	1 538 721	660 345	328 608	498 983
云南	1 767 612	511 238	439 354	382 877
西藏				
陕西	2 386 161	749 037	271 489	205 552
甘肃	1 447 274	283 998	117 452	141 594
青海	48 737	36 597	6 344	46 369
宁夏	310 385	56 401	36 701	32 594
新疆	109 012	63 312	50 267	25 956

各地区乡镇企业营业收入（一）

单位：万元

地区	合计	农林牧渔业	工业企业	建筑业	交通运输仓储业
全国总计	**3 070 772 669**	**33 418 652**	**2 450 200 202**	**141 841 354**	**54 299 590**
北京	31 882 548	167 852	18 005 163	3 131 903	856 396
天津	51 693 096		51 693 096		
河北	194 088 319	1 345 766	158 739 191	7 727 322	4 294 562
山西	52 988 052	496 508	41 077 421	2 274 575	2 172 133
内蒙古	28 392 041	848 466	17 439 170	2 042 067	1 169 555
辽宁	170 557 742		128 207 370	9 127 329	1 150 998
吉林	23 877 019	650 002	18 051 699	1 060 968	942 403
黑龙江	19 972 535	69 570	12 501 454	2 012 557	770 754
上海	134 690 884		134 690 884		
江苏	652 820 226	1 015 304	538 761 560	18 242 094	7 899 273
浙江	422 688 920	240 769	347 669 445	17 422 780	3 786 939
安徽	46 584 092	572 897	38 650 316	6 282 269	252 762
福建	125 511 261	2 113 402	101 582 038	5 006 705	2 494 756
江西	54 893 581	984 134	42 737 713	3 135 967	1 766 982
山东	527 412 222	10 045 689	403 011 523	25 883 787	14 125 679
河南	124 648 463	3 235 210	99 736 253	5 701 419	1 593 768
湖北	100 018 711	3 734 252	72 864 189	5 859 818	2 854 696
湖南	92 993 404	3 346 479	61 045 080	10 807 478	4 393 635
广东	212 503 195	1 300 129	186 042 518	4 444 338	2 257 186
广西	23 144 623	480 832	17 555 777	680 241	821 882
海南	2 012 269	165 640	1 060 517	149 088	57 209
重庆	65 213 119	928 503	40 111 428	9 800 782	1 606 399
四川	105 767 363	2 328 949	82 535 050	6 762 681	2 336 281
贵州	23 583 902	334 780	17 446 385	1 139 189	664 935
云南	30 363 393	412 840	20 731 634	2 784 681	654 470
西藏					
陕西	33 650 064	1 280 835	25 020 282	1 687 644	27 022
甘肃	11 913 943	233 385	7 237 883	1 865 888	499 132
青海	987 284	4 115	767 904	64 557	29 875
宁夏	4 643 429	77 902	3 646 824	354 389	127 882
新疆	5 246 969	312 491	4 121 136	429 446	67 040

各地区乡镇企业营业收入（二）

单位：万元

地　区	批发零售业	住宿及餐饮业	社会服务业	其他企业
全国总计	**248 033 848**	**57 467 894**	**40 465 499**	**45 045 630**
北　京	6 648 090	375 730	1 817 116	880 298
天　津				
河　北	14 540 798	2 887 894	2 858 051	1 694 735
山　西	4 456 540	1 652 613	538 032	320 230
内蒙古	3 599 390	1 769 113	1 101 063	423 217
辽　宁	18 163 202	6 018 267	3 409 751	4 480 825
吉　林	1 800 178	504 902	267 859	599 008
黑龙江	2 325 830	963 832	1 270 625	57 913
上　海				
江　苏	60 608 126	6 473 006	8 092 378	11 728 485
浙　江	45 980 305	1 955 798	2 802 935	2 829 949
安　徽	343 402	212 887	168 311	101 248
福　建	8 322 702	2 254 809	1 683 724	2 053 125
江　西	2 725 726	1 719 283	797 020	1 026 756
山　东	40 976 743	16 175 827	8 778 891	8 414 083
河　南	8 247 096	2 563 135	1 976 994	1 594 588
湖　北	8 010 201	3 572 073	2 031 169	1 092 313
湖　南	7 863 282	2 745 884	1 043 019	1 748 547
广　东	9 699 283	3 856 703	1 785 130	3 117 908
广　西	1 913 823	766 318	280 727	645 023
海　南	304 600	154 447	45 829	74 939
重　庆	7 443 919	1 817 278	837 014	2 667 796
四　川	5 224 530	2 324 518	1 617 296	2 638 058
贵　州	2 552 745	642 515	304 047	499 306
云　南	4 321 685	565 792	495 699	396 592
西　藏				
陕　西	4 408 203	749 037	271 489	205 552
甘　肃	1 582 135	263 074	107 930	124 516
青　海	50 111	31 392	4 811	34 519
宁　夏	314 107	58 745	32 505	31 075
新　疆	159 499	81 660	51 688	24 009

各地区乡镇企业利润总额（一）

单位：万元

地　区	合　计	农林牧渔业	工业企业	建筑业	交通运输仓储业
全国总计	**165 877 977**	**2 166 542**	**128 170 494**	**8 518 061**	**4 306 084**
北　京	1 536 404	15 791	915 970	110 677	53 311
天　津	2 370 267		2 370 267		
河　北	15 458 444	128 147	12 223 474	1 021 891	419 077
山　西	4 464 946	35 832	3 292 365	299 090	259 598
内蒙古	3 043 875	75 559	1 832 746	191 550	145 185
辽　宁	9 791 636		6 337 804	525 875	744 759
吉　林	2 273 267	66 252	1 407 889	366 842	81 093
黑龙江	1 085 917	5 583	678 915	88 791	51 369
上　海	6 422 611		6 422 611		
江　苏	34 206 972	66 052	26 667 533	1 160 630	644 183
浙　江	20 054 720	17 952	16 512 089	823 240	336 365
安　徽	3 906 574	80 440	3 176 784	537 382	26 451
福　建	7 281 391	139 470	5 537 142	363 550	167 965
江　西	3 253 539	81 686	2 495 120	184 912	92 903
山　东	34 315 106	624 774	26 757 264	1 713 161	957 731
河　南	13 749 535	403 219	10 835 818	568 121	181 793
湖　北	5 225 886	152 713	3 671 410	298 543	192 910
湖　南	3 658 431	134 203	2 443 345	360 357	180 432
广　东	10 151 550	193 355	8 221 801	287 935	143 040
广　西	1 189 886	15 649	846 834	43 153	57 527
海　南	167 809	14 589	97 810	11 622	5 377
重　庆	2 773 431	41 404	1 663 982	372 178	78 930
四　川	5 393 462	114 737	4 037 199	368 633	176 387
贵　州	2 026 731	32 708	1 605 520	101 203	57 759
云　南	1 860 906	33 070	1 316 390	155 975	49 783
西　藏					
陕　西	1 677 493	75 847	1 232 764	83 664	14 571
甘　肃	722 981	16 598	448 355	113 320	23 188
青　海	41 684	677	25 728	3 277	1 783
宁　夏	323 171	5 150	249 032	25 550	12 768
新　疆	399 352	25 447	306 319	28 966	5 207

各地区乡镇企业利润总额（二）

单位：万元

地　　区	批发零售业	住宿及餐饮业	社会服务业	其他企业
全国总计	**12 223 463**	**4 014 319**	**3 187 825**	**3 291 189**
北　　京	164 583	16 864	161 240	97 968
天　　津				
河　　北	942 199	240 567	303 726	179 363
山　　西	312 803	215 504	35 307	14 447
内 蒙 古	338 183	259 480	126 169	75 003
辽　　宁	1 097 749	424 254	258 567	402 628
吉　　林	155 822	61 034	36 220	98 115
黑 龙 江	122 535	50 980	83 871	3 873
上　　海				
江　　苏	3 417 169	567 194	694 214	989 997
浙　　江	1 714 981	213 845	312 771	123 477
安　　徽	31 614	25 367	16 510	12 026
福　　建	547 914	222 592	126 671	176 087
江　　西	151 490	97 672	59 051	90 705
山　　东	2 281 666	985 866	600 416	394 228
河　　南	725 316	312 121	248 345	474 802
湖　　北	402 987	217 872	224 033	65 418
湖　　南	313 922	108 643	43 969	73 560
广　　东	548 070	291 015	223 843	242 491
广　　西	115 941	56 096	23 435	31 251
海　　南	17 751	11 999	3 853	4 808
重　　庆	353 064	88 025	41 417	134 431
四　　川	281 213	147 292	95 407	172 594
贵　　州	106 877	59 946	30 300	32 418
云　　南	195 409	50 795	37 501	21 983
西　　藏				
陕　　西	192 909	47 527	17 194	13 017
甘　　肃	86 502	18 417	6 402	10 199
青　　海	3 429	2 284	639	3 867
宁　　夏	16 487	6 278	3 046	4 860
新　　疆	12 946	12 194	6 937	1 336

各地区乡镇企业上缴税金（一）

单位：万元

地　区	合　计	农林牧渔业	工业企业	建筑业	交通运输仓储业
全国总计	**80 156 777**	**590 632**	**64 159 660**	**4 017 481**	**1 564 680**
北　京	1 273 156	2 198	751 668	124 715	38 771
天　津	1 515 399		1 515 399		
河　北	5 888 221	12 581	4 524 168	331 344	93 127
山　西	3 340 420	9 705	2 806 951	123 580	99 307
内蒙古	1 342 319	18 685	862 719	59 898	50 752
辽　宁	3 865 343		2 760 363	239 583	165 801
吉　林	593 469	10 922	450 467	34 706	24 042
黑龙江	505 187	1 117	349 010	41 604	19 172
上　海	3 311 234		3 311 234		
江　苏	19 418 904	17 160	16 101 817	621 758	278 039
浙　江	12 162 128	4 015	10 698 757	559 101	116 751
安　徽	1 001 025	23 039	790 306	158 882	6 924
福　建	3 667 310	34 838	2 939 063	193 038	63 350
江　西	1 853 610	30 628	1 398 154	119 050	56 536
山　东	14 791 817	302 018	11 015 955	785 960	428 930
河　南	2 340 772	21 686	1 814 842	139 253	27 898
湖　北	2 547 328	32 750	1 938 046	153 892	64 619
湖　南	1 690 041	43 099	1 134 034	211 749	90 839
广　东	5 726 584	21 748	4 795 679	154 181	60 963
广　西	681 167	6 682	536 752	23 304	22 255
海　南	72 161	3 550	47 431	2 905	2 041
重　庆	2 248 638	13 371	1 502 721	306 467	50 519
四　川	2 928 814	41 046	2 260 834	207 065	64 987
贵　州	976 855	4 828	826 674	38 300	17 590
云　南	1 144 573	12 480	898 413	86 932	16 841
西　藏					
陕　西	693 053	26 249	516 198	30 426	4 714
甘　肃	256 140	2 677	170 691	38 730	6 041
青　海	27 315	91	21 419	1 548	784
宁　夏	149 413	2 786	119 665	11 504	3 758
新　疆	174 381	8 800	131 077	21 434	2 238

各地区乡镇企业上缴税金（二）

单位：万元

地 区	批发零售业	住宿及餐饮业	社会服务业	其他企业
全国总计	**4 996 751**	**1 716 184**	**1 362 101**	**1 749 288**
北 京	155 775	25 586	93 706	80 737
天 津				
河 北	417 501	96 121	111 565	301 814
山 西	198 689	72 952	20 439	8 797
内 蒙 古	166 706	102 986	45 027	35 546
辽 宁	309 541	134 002	90 733	165 320
吉 林	37 927	17 202	6 597	11 606
黑 龙 江	39 649	22 165	30 135	2 335
上 海				
江 苏	1 241 781	243 813	384 191	530 345
浙 江	600 339	62 847	66 742	53 576
安 徽	7 856	6 278	4 274	3 466
福 建	239 848	77 378	48 422	71 373
江 西	104 739	65 859	38 972	39 672
山 东	1 140 278	535 100	286 321	297 255
河 南	162 574	61 789	68 995	43 735
湖 北	176 363	98 966	48 318	34 374
湖 南	98 876	56 229	23 233	31 982
广 东	309 804	154 783	88 835	140 591
广 西	43 029	24 335	9 823	14 987
海 南	7 292	4 951	1 671	2 320
重 庆	162 123	56 049	76 672	80 716
四 川	130 748	74 758	48 303	101 073
贵 州	40 698	18 974	11 789	18 002
云 南	75 501	17 336	18 756	18 314
西 藏				
陕 西	90 340	15 350	5 564	4 212
甘 肃	25 994	6 866	2 245	2 896
青 海	1 103	1 121	217	1 032
宁 夏	6 596	2 061	1 320	1 723
新 疆	4 347	3 535	1 633	1 317

各地区乡镇企业劳动者报酬（一）

单位：万元

地区	合计	农林牧渔业	工业企业	建筑业	交通运输仓储业
全国总计	**119 351 429**	**1 543 436**	**90 483 203**	**9 213 158**	**3 242 528**
北京	1 629 309	15 692	1 042 012	136 973	56 989
天津	2 128 313		2 128 313		
河北	6 586 751	55 543	5 347 817	470 304	88 733
山西	3 281 731	36 708	2 536 401	194 024	159 002
内蒙古	1 853 058	54 709	967 291	188 802	84 669
辽宁	5 160 155		3 071 766	445 566	381 125
吉林	1 307 356	43 888	836 060	63 696	115 719
黑龙江	704 583	4 947	444 681	58 676	34 115
上海	7 845 794		7 845 794		
江苏	28 665 694	98 345	21 960 043	1 833 348	677 845
浙江	20 030 318	25 100	16 671 370	1 668 375	327 424
安徽	3 539 336	45 551	3 039 730	387 341	20 652
福建	8 613 847	171 037	6 849 761	408 332	163 863
江西	4 063 417	86 267	2 841 272	274 123	178 207
山东	15 458 801	312 473	11 328 042	1 234 980	443 066
河南	6 767 340	202 886	4 831 265	713 040	118 206
湖北	5 397 976	144 314	3 127 027	594 174	201 758
湖南	6 899 275	301 407	4 632 229	755 298	296 730
广东	14 308 096	89 842	12 183 277	392 661	159 509
广西	2 094 522	29 716	1 465 482	69 055	113 986
海南	168 440	20 046	77 633	13 235	6 942
重庆	4 768 939	102 862	2 644 413	1 205 136	153 927
四川	5 765 746	112 590	4 011 387	629 536	218 271
贵州	1 714 700	36 127	1 259 504	121 480	68 744
云南	1 932 968	30 481	1 251 029	304 936	48 783
西藏					
陕西	2 331 315	52 348	1 425 460	231 238	299 555
甘肃	754 917	16 142	406 940	206 434	27 999
青海	73 246	761	47 057	9 303	3 237
宁夏	264 888	12 110	181 604	36 245	11 520
新疆	350 598	24 900	227 524	49 047	7 496

各地区乡镇企业劳动者报酬（二）

单位：万元

地 区	批发零售业	住宿及餐饮业	社会服务业	其他企业
全国总计	**6 874 074**	**3 385 355**	**2 377 582**	**2 232 093**
北 京	116 298	53 837	169 970	37 538
天 津				
河 北	328 222	121 627	157 606	16 899
山 西	175 607	125 050	39 583	15 356
内蒙古	276 611	159 450	91 853	29 673
辽 宁	589 382	253 359	184 296	234 661
吉 林	148 801	33 908	18 172	47 112
黑龙江	71 428	49 330	33 964	7 442
上 海				
江 苏	1 900 943	720 829	677 422	796 919
浙 江	761 305	205 527	228 401	142 816
安 徽	16 424	14 683	9 545	5 410
福 建	469 500	229 333	135 572	186 449
江 西	270 580	192 076	107 574	113 318
山 东	980 997	571 889	337 488	249 866
河 南	376 686	235 491	171 793	117 973
湖 北	603 370	318 205	206 084	203 044
湖 南	455 218	218 736	83 565	156 092
广 东	580 238	437 461	218 698	246 410
广 西	167 708	78 575	40 275	129 725
海 南	18 661	19 234	8 698	3 991
重 庆	308 209	131 597	80 327	142 468
四 川	300 106	241 589	141 008	111 259
贵 州	102 537	60 423	31 793	34 092
云 南	156 044	60 018	56 519	25 158
西 藏				
陕 西	211 291	80 659	23 865	6 899
甘 肃	58 779	22 947	7 532	8 144
青 海	3 619	3 996	1 771	3 502
宁 夏	12 028	6 847	3 044	1 490
新 疆	11 603	18 206	9 794	2 028

各地区乡镇规模农产品加工企业（一）

单位：个、人、万元

地　区	企业个数	从业人员年平均数	增加值	总产值	销售产值
全国总计	**103 033**	**16 162 964**	**153 149 035**	**626 657 086**	**599 645 395**
北　京	945	155 412	870 869	4 204 101	4 153 273
天　津	1 066	195 789	2 441 921	6 765 799	6 652 062
河　北	2 720	576 553	5 319 791	20 649 297	16 729 560
山　西	354	64 804	437 178	1 839 647	1 676 999
内蒙古	711	130 992	1 974 748	6 057 866	5 739 344
辽　宁	4 525	516 180	9 743 681	34 260 625	33 249 531
吉　林	1 164	178 986	2 596 835	7 516 119	7 332 570
黑龙江	529	67 337	945 733	3 333 862	3 185 012
上　海	4 147	588 061	4 611 587	19 506 025	19 102 463
江　苏	16 801	2 390 353	23 601 820	105 509 682	103 506 642
浙　江	17 387	2 175 300	16 388 566	87 550 988	84 684 160
安　徽	1 510	235 607	1 214 107	5 288 216	5 043 522
福　建	6 525	1 619 871	11 689 838	51 676 728	43 622 858
江　西	1 203	240 087	2 229 979	7 333 810	7 138 900
山　东	13 734	2 556 439	40 247 569	160 615 468	157 080 670
河　南	3 910	578 490	5 495 860	22 072 490	21 612 514
湖　北	2 972	384 464	5 867 352	17 275 759	16 455 748
湖　南	2 839	402 473	4 680 910	16 255 841	16 005 940
广　东	8 815	1 993 909	11 563 068	52 437 762	50 252 109
广　西	3 950	144 419	928 574	3 568 667	3 363 703
海　南	87	16 690	71 299	281 668	275 030
重　庆	1 367	141 920	1 531 322	5 233 971	5 130 127
四　川	2 505	411 508	7 204 468	24 026 928	23 090 824
贵　州	480	71 679	861 903	2 840 654	2 596 876
云　南	740	94 055	701 198	2 908 028	2 796 884
西　藏					
陕　西	600	88 410	865 519	2 936 215	2 723 194
甘　肃	487	62 951	631 955	1 790 569	1 734 880
青　海	23	1 360	9 789	33 008	27 775
宁　夏	418	34 108	409 630	1 610 547	1 371 927
新　疆	519	44 757	476 808	2 280 536	2 115 602

各地区乡镇规模农产品加工企业（二）

单位：个、人、万元

地　区	营业收入	利润总额	上缴税金	劳动者报酬
全国总计	**598 757 665**	**33 539 748**	**16 752 780**	**27 548 827**
北　京	4 360 775	150 143	164 927	313 991
天　津	6 033 899	351 810	381 289	412 375
河　北	17 975 409	1 469 702	517 014	827 023
山　西	1 714 384	90 046	46 057	95 047
内蒙古	5 539 369	413 112	210 540	362 313
辽　宁	32 833 415	1 403 789	465 949	810 626
吉　林	8 628 106	499 728	184 495	209 388
黑龙江	3 250 313	184 051	104 752	81 102
上　海	19 261 911	1 147 107	653 507	1 799 063
江　苏	102 164 726	4 841 217	3 020 739	4 634 783
浙　江	83 184 811	3 585 771	2 500 115	4 305 476
安　徽	4 811 751	232 195		
福　建	45 661 732	2 815 886	1 136 270	2 571 525
江　西	7 146 670	405 933	210 635	296 547
山　东	156 335 114	10 707 254	3 650 528	4 038 343
河　南	21 606 520	1 830 925	289 372	599 782
湖　北	17 052 487	812 083	478 665	598 196
湖　南	15 847 722	769 226	303 416	477 755
广　东	49 249 377	2 175 222	1 205 769	3 226 277
广　西	3 391 115	141 364	109 094	186 293
海　南	274 755	20 204	11 996	19 208
重　庆	5 127 543	222 170	190 175	287 009
四　川	22 652 556	1 126 048	498 954	829 866
贵　州	2 517 741	217 141	134 520	105 421
云　南	2 849 312	199 018	122 205	134 487
西　藏				
陕　西	2 846 424	90 614	21 848	81 532
甘　肃	1 809 659	120 983	45 188	120 983
青　海	31 814	2 018	621	1 787
宁　夏	1 373 465	115 599	51 719	51 914
新　疆	1 957 843	129 200	42 421	70 715

七、农 垦

全国农垦生产建设综合情况（一）

项　　目	单　位	2009年	2008年	2009年比2008年增减	
				绝对量	%
基本情况					
农垦国有企业	个	5 330	5 658	-328	-5.80
农场	个	1 818	1 893	-75	-3.96
工业企业	个	1 453	1 498	-45	-3.00
建筑企业	个	470	401	69	17.21
运输企业	个	233	227	6	2.64
商业企业	个	1 356	1 639	-283	-17.27
总人口	万人	1 316.78	1 303.86	12.92	0.99
职工总数	万人	339.65	334.45	5.20	1.55
在岗职工人数	万人	302.60	296.20	6.40	2.16
耕地面积	千公顷	5 598.25	5 498.94	99.31	1.81
当年造林	千公顷	95.25	63.70	31.55	49.53
橡胶面积	千公顷	465.20	471.76	-6.56	-1.39
农垦生产总值	亿元	2 738.56	2 356.06	382.50	12.90
第一产业增加值	亿元	952.29	841.94	110.35	9.40
第二产业增加值	亿元	1 050.57	884.26	166.31	16.60
第三产业增加值	亿元	735.70	629.86	105.84	12.50
工农业总产值	亿元	5 265.02	4 429.04	835.98	16.20
农业总产值	亿元	1 906.60	1 667.87	238.73	10.50
工业总产值	亿元	3 358.42	2 761.17	597.25	19.60
农垦人均生产总值	元/人·年	21 035	18 116	2 919	12.40
工资总额	亿元	481.31	407.00	74.31	18.26
职工平均工资	元/人·年	14 171	12 069	2 102	12.70
在岗职工平均工资	元/人·年	15 535	13 456	2 079	13.10
人均纯收入	元/人·年	7 096	6 389	707	9.90
固定资产投资总额	亿元	1 357.90	931.22	426.68	45.82
主要农作物面积产量					
农作物总播种面积	千公顷	6 073.28	5 831.82	241.46	4.14
粮食作物面积	千公顷	4 384.31	3 948.82	435.49	11.03
粮食作物总产量	万吨	2 773.15	2 421.53	351.62	14.52
棉花面积	千公顷	656.16	756.03	-99.87	-13.21
棉花总产量	万吨	141.22	163.57	-22.35	-13.66
油料作物面积	千公顷	371.06	409.96	-38.90	-9.49
油料作物总产量	万吨	81.14	78.50	2.64	3.36

注：表中价值量指标均按当年价格计算，增长速度按可比价格计算。

全国农垦生产建设综合情况（二）

项　目	单　位	2009 年	2008 年	2009 年比 2008 年增减	
				绝对量	%
糖料作物面积	千公顷	101.92	117.62	-15.70	-13.35
糖料作物总产量	万吨	758.22	846.03	-87.81	-10.38
干胶总产量	万吨	31.70	28.17	3.53	12.53
剑麻产量（折纤维）	万吨	3.23	3.22	0.01	0.31
水果总产量	万吨	307.77	250.63	57.14	22.80
茶叶总产量	万吨	4.68	4.97	-0.29	-5.84
牲畜头数和畜、水产品产量					
猪年末头数	万头	1 053.39	968.68	84.71	8.74
大牲畜年末头数	万头	317.16	306.89	10.27	3.35
良种及改良种奶牛	万头	127.01	119.70	7.31	6.11
羊年末只数	万只	1 268.87	1 452.26	-183.39	-12.63
肉类总产量	万吨	223.40	192.02	31.38	16.34
牛奶总产量	万吨	344.65	320.81	23.84	7.43
羊毛总产量	万吨	2.52	2.51	0.01	0.40
禽蛋总产量	万吨	31.34	25.61	5.73	22.37
鹿茸总产量	吨	92.35	97.49	-5.14	-5.27
蜂蜜总产量	吨	6 495.00	5 915.00	580	9.81
水产品产量	万吨	107.72	97.13	10.59	10.90
主要农业机械、电和化肥用量					
农业机械总动力	万千瓦	1 971.31	1 810.92	160.39	8.86
大中型农用拖拉机	万台	13.19	11.72	1.47	12.54
	万千瓦	529.86	475.40	54.46	11.46
农用小型及手扶拖拉机	万台	32.36	31.01	1.35	4.70
	万千瓦	373.35	353.59	19.76	5.59
农用排灌动力机械	万台	24.72	22.03	2.69	12.21
	万千瓦	337.79	343.63	-5.84	-1.70
联合收割机	万台	3.15	2.86	0.29	10.14
	万千瓦	227.78	201.29	26.49	13.16
农场用电量	亿千瓦时	111.02	97.86	13.16	13.45
农用化肥施用总量	万吨	210.84	204.61	6.23	3.04
主要工业产品产量					
原煤	万吨	1 638.24	1 148.07	490.17	42.70
混配合饲料	万吨	417.81	383.48	34.33	8.95
食用植物油	万吨	170.45	110.38	60.07	54.42

全国农垦生产建设综合情况（三）

项　目	单　位	2009 年	2008 年	2009 年比 2008 年增减	
				绝对量	%
机制糖	万吨	178.82	190.10	-11.28	-5.93
乳制品	万吨	207.09	187.92	19.17	10.20
液体乳	万吨	178.11	159.87	18.24	11.41
饮料酒	万吨	184.79	192.83	-8.04	-4.17
葡萄酒	万吨	6.47	7.92	-1.45	-18.31
纱	万吨	42.16	45.57	-3.41	-7.48
布	亿米	6.53	4.90	1.63	33.27
机制纸和纸板	万吨	107.76	137.69	-29.93	-21.74
水泥	万吨	1 827.97	1 516.76	311.21	20.52
砖	亿块	87.28	83.82	3.46	4.13
发电量	亿千瓦时	141.20	102.67	38.53	37.53
粮食商品量	万吨	2 416.52	2 094.30	322.22	15.39
粮食商品率	%	87.14	86.49		0.65
出口商品总金额	亿元	466.25	755.09	-288.84	-38.25
贸易业、餐饮业销售总额	亿元	1 950.42	1 663.97	286.45	17.21
服务业营业收入	亿元	123.69	99.42	24.27	24.41

项　目	单　位	合　计	第一产业	第二产业	第三产业
非国有经济基本情况					
经营单位个数	个	623 212	266 585	36 893	319 734
集体经济	个	3 228	2 161	308	759
个体经济	个	564 232	244 889	25 608	293 735
私营经济	个	54 117	18 938	10 425	24 754
港澳台及外商经济	个	786	40	546	200
从业人员	万人	247.35	89.64	80.60	77.11
从业人员劳动报酬	亿元	431.02	101.57	209.51	119.93
从业人员年均收入	元	17 425	11 331	25 995	15 553
生产总值（现价）	亿元	1 261.79	233.77	657.66	370.37
资产总额	亿元	2 083.77	197.83	1 421.59	464.34
固定资产原值	亿元	1 403.42	150.24	927.53	325.64
税金	亿元	110.63	0.95	83.93	25.75
利润总额	亿元	211.75	37.91	109.49	64.34

各地区农垦基本情况（一）

地区	国有企业个数（个）	农场	工业	建筑业	运输业	商业	总人口（人）	职工人数（人）
全国总计	**5 330**	**1 818**	**1 453**	**470**	**233**	**1 356**	**13 167 805**	**3 396 514**
北京	47	12	14	3	7	11	52 909	23 995
天津	51	15	26	2	1	7	16 360	5 849
河北	94	31	33	9	3	18	421 667	72 612
山西	32	25	4			3	23 081	4 796
内蒙古	145	104	21	2		18	472 469	134 070
辽宁	218	109	34	12		63	901 394	248 094
吉林	110	91	14	1		4	272 595	75 073
黑龙江	510	112	113	37	82	166	1 668 033	396 605
上海	365	17	77	7	44	220	110 673	50 320
江苏	55	18	28	4		5	210 959	69 203
浙江	74	62	6			6	82 224	2 818
安徽	55	21	12	6		16	136 143	32 361
福建	185	115	46			24	230 962	36 614
江西	391	155	137	22	28	49	859 749	357 297
山东	37	18	12	2		5	20 356	6 379
河南	213	96	36	1		80	127 137	39 532
湖北	206	53	104	13	4	32	1 373 063	380 244
湖南	292	70	112	95	6	9	680 743	214 437
广东	259	46	111	11	8	83	376 693	60 070
广西	158	45	64	9	1	39	268 079	38 784
海南	241	49	57	62	10	63	988 646	204 929
重庆	26	14	5	1		6	17 967	4 859
四川	48	40	7			1	16 008	4 336
贵州	54	43	8	1		2	26 887	5 832
云南	181	39	56	16	21	49	327 246	105 896
西藏								
陕西	72	12	7			53	26 999	5 107
甘肃	105	17	62	4	1	21	100 570	24 619
青海	36	30	5			1	53 345	9 962
宁夏	44	14	21	3		6	116 628	20 576
新疆（兵团）	704	175	153	130	5	241	2 573 145	593 864
新疆（农业）	155	46	40	14	9	46	212 155	49 206
新疆（畜牧）	153	122	23	3	3	2	383 591	112 233
热科院	2					2	13 453	3 119
广州	10	1	4			5	1 761	1 755
南京	2	1	1				4 115	1 068

各地区农垦基本情况（二）

地　区	耕地面积（公顷）	农作物耕地面积（公顷）	农垦生产总值（万元）	农垦人均生产总值（元/人·年）	工农业总产值（万元）	出口商品总金额（万元）
全国总计	**5 598 254**	**6 073 279**	**27 385 627**	**21 035**	**52 650 221**	**4 662 506**
北　京	1 658	1 382	251 856	48 404	655 236	29 409
天　津	3 138	2 979	112 408	68 621	270 871	3 728
河　北	87 390	97 696	1 760 716	41 807	3 540 916	68 168
山　西	6 326	6 139	32 339	14 107	40 097	
内蒙古	627 915	543 902	739 306	16 144	1 062 434	1 020
辽　宁	147 289	158 796	1 369 275	15 286	4 566 251	105 814
吉　林	113 209	113 472	149 484	5 596	241 457	231
黑龙江	2 649 854	2 643 866	5 453 578	32 777	9 008 324	314 382
上　海	22 104	40 503	830 439	76 226	1 359 919	104 448
江　苏	72 925	137 775	599 377	28 442	1 349 091	28 535
浙　江	4 335	5 083	562 726	68 222	3 478 304	247 548
安　徽	34 531	67 165	149 421	11 004	333 297	20
福　建	10 907	23 718	291 160	12 663	762 808	40 000
江　西	52 158	104 214	811 123	9 607	1 948 117	117 342
山　东	10 141	14 148	34 208	17 030	170 627	
河　南	26 949	49 355	92 340	8 227	268 178	3 518
湖　北	136 783	303 528	2 785 566	20 408	5 816 168	144 331
湖　南	67 271	153 555	642 573	9 460	1 345 017	19 873
广　东	36 943	45 126	701 497	18 681	1 284 664	360 204
广　西	31 803	31 930	1 930 733	73 041	2 625 393	94 591
海　南	37 436	65 894	1 007 431	10 168	1 283 444	43 889
重　庆	4 687	26	72 689	40 356	431 316	
四　川	2 506	1 836	12 768	8 177	41 830	
贵　州	2 063	2 532	6 076	2 352	26 327	
云　南	12 299	19 157	257 855	8 053	390 960	3 100
西　藏						
陕　西	8 973	12 679	24 493	9 103	46 124	
甘　肃	49 269	49 451	103 270	10 268	326 483	9 750
青　海	26 220	19 912	13 224	5 541	27 362	
宁　夏	39 570	42 027	117 331	10 020	211 765	3 425
新疆（兵团）	1 044 867	1 107 702	6 106 946	23 734	9 093 139	2 908 680
新疆（农业）	89 500	80 166	155 483	7 378	282 536	8 917
新疆（畜牧）	136 775	127 248	164 292	4 667	315 998	
热科院	460	303	21 346	16 072	6 688	
广　州			17 269	100 516	31 932	1 584
南　京		15	5 028	11 363	7 148	

各地区农垦生产总值

地　区	生产总值（万元）	第一产业增加值	第二产业增加值	第三产业增加值	构成（%）第一产业	第二产业	第三产业
全国总计	**27 385 627**	**9 522 901**	**10 505 735**	**7 356 991**	**34.8**	**38.4**	**26.8**
北　京	251 856	67 251	56 107	128 498	26.7	22.3	51.0
天　津	112 408	11 631	44 959	55 818	10.3	40.0	49.7
河　北	1 760 716	265 019	977 346	518 351	15.1	55.5	29.4
山　西	32 339	5 723	15 406	11 210	17.7	47.6	34.7
内 蒙 古	739 306	365 321	258 656	115 329	49.4	35.0	15.6
辽　宁	1 369 275	515 982	561 124	292 169	37.7	41.0	21.3
吉　林	149 484	121 010	16 732	11 742	80.9	11.2	7.9
黑 龙 江	5 453 578	2 922 173	1 142 211	1 389 195	53.6	20.9	25.5
上　海	830 439	52 176	228 896	549 367	6.2	27.6	66.2
江　苏	599 377	171 284	278 444	149 649	28.5	46.5	25.0
浙　江	562 726	23 207	509 951	29 568	4.1	90.6	5.3
安　徽	149 421	83 142	36 596	29 683	55.6	24.5	19.9
福　建	291 160	76 298	184 620	30 243	26.2	63.4	10.4
江　西	811 123	151 569	461 950	197 604	18.6	57.0	24.4
山　东	34 208	19 603	11 165	3 440	57.3	32.6	10.1
河　南	92 340	43 658	26 739	21 942	47.2	29.0	23.8
湖　北	2 785 566	538 925	1 591 627	655 014	19.4	57.1	23.5
湖　南	642 573	362 788	119 219	160 567	56.4	18.6	25.0
广　东	701 497	203 365	339 668	158 464	29.0	48.4	22.6
广　西	1 930 733	274 573	1 180 774	475 386	14.2	61.2	24.6
海　南	1 007 431	647 452	161 589	198 390	64.3	16.0	19.7
重　庆	72 689	2 962	58 153	11 574	4.1	80.0	15.9
四　川	12 768	4 268	7 224	1 276	33.4	56.6	10.0
贵　州	6 076	3 527	2 336	213	58.1	38.4	3.5
云　南	257 855	181 352	28 969	47 534	70.4	11.2	18.4
西　藏							
陕　西	24 493	18 976	3 928	1 589	77.5	16.0	6.5
甘　肃	103 270	40 539	54 077	8 654	39.3	52.4	8.3
青　海	13 224	10 908	1 054	1 262	82.5	8.0	9.5
宁　夏	117 331	61 453	35 314	20 564	52.4	30.1	17.5
新疆（兵团）	6 106 946	2 047 351	2 065 678	1 993 917	33.6	33.8	32.6
新疆（农业）	155 483	93 912	29 542	32 029	60.4	19.0	20.6
新疆（畜牧）	164 292	130 671	12 286	21 334	79.5	7.5	13.0
热 科 院	21 346			21 346			100.0
广　州	17 269	4 533	2 017	10 718	26.2	11.7	62.1
南　京	5 028	299	1 377	3 352	5.9	27.4	66.7

各地区农垦工农业总产值

地　区	工农业总产值（万元）	农　业	工　业	构成（%）农　业	构成（%）工　业
全国总计	**52 650 221**	**19 066 019**	**33 584 202**	**36.2**	**63.8**
北　京	655 236	379 668	275 568	57.9	42.1
天　津	270 871	47 512	223 359	17.5	82.5
河　北	3 540 916	503 109	3 037 807	14.2	85.8
山　西	40 097	16 126	23 971	40.2	59.8
内蒙古	1 062 434	724 461	337 973	68.2	31.8
辽　宁	4 566 251	1 035 533	3 530 718	22.7	77.3
吉　林	241 457	199 335	42 122	82.6	17.4
黑龙江	9 008 324	5 557 240	3 451 084	61.7	38.3
上　海	1 359 919	168 787	1 191 132	12.4	87.6
江　苏	1 349 091	406 869	942 222	30.2	69.8
浙　江	3 478 304	79 353	3 398 951	2.3	97.7
安　徽	333 297	158 485	174 812	47.6	52.4
福　建	762 808	183 723	579 085	24.1	75.9
江　西	1 948 117	366 640	1 581 477	18.8	81.2
山　东	170 627	48 988	121 639	28.7	71.3
河　南	268 178	114 801	153 378	42.8	57.2
湖　北	5 816 168	1 084 637	4 731 531	18.6	81.4
湖　南	1 345 017	494 294	850 723	36.8	63.2
广　东	1 284 664	366 716	917 948	28.5	71.5
广　西	2 625 393	426 020	2 199 373	16.2	83.8
海　南	1 283 444	1 091 703	191 741	85.1	14.9
重　庆	431 316	27 752	403 564	6.4	93.6
四　川	41 830	11 336	30 494	27.1	72.9
贵　州	26 327	9 453	16 874	35.9	64.1
云　南	390 960	297 113	93 847	76.0	24.0
西　藏					
陕　西	46 124	33 017	13 107	71.6	28.4
甘　肃	326 483	109 595	216 888	33.6	66.4
青　海	27 362	19 446	7 916	71.1	28.9
宁　夏	211 765	141 403	70 362	66.8	33.2
新疆（兵团）	9 093 139	4 435 818	4 657 321	48.8	51.2
新疆（农业）	282 536	223 204	59 332	79.0	21.0
新疆（畜牧）	315 998	288 421	27 577	91.3	8.7
热科院	6 688	6 688		100.0	
广　州	31 932	7 738	24 194	24.2	75.8
南　京	7 148	1 035	6 113	14.5	85.5

各地区农垦出口商品金额

单位：万元

地区	出口商品总金额			工业品金额		
	2009 年	2008 年	增减（%）	2009 年	2008 年	增减（%）
全国总计	**4 662 506**	**7 550 944**	**-38.3**	**4 205 681**	**7 129 104**	**-41.0**
北京	29 409	10 304	185.4	10 070	9 589	5.0
天津	3 728	5 888	-36.7	3 328	5 441	-38.8
河北	68 168	81 043	-15.9	59 443	70 036	-15.1
山西						
内蒙古	1 020	1 169	-12.8	1 020		
辽宁	105 814	122 322	-13.5	94 191	109 491	-14.0
吉林	231	1 037	-77.7		1 037	
黑龙江	314 382	286 860	9.6	138 412	158 381	-12.6
上海	104 448	90 661	15.2	102 360	89 188	14.8
江苏	28 535	29 036	-1.7	10 413	12 903	-19.3
浙江	247 548	353 284	-29.9	247 472	353 154	-29.9
安徽	20	80	-75.0	20	30	-33.3
福建	40 000	42 536	-6.0	28 289	32 035	-11.7
江西	117 342	104 543	12.2	99 928	99 923	
山东						
河南	3 518	4 425	-20.5	18	36	-48.2
湖北	144 331	152 321	-5.3	127 927	134 929	-5.2
湖南	19 873	6 148	223.2	15 373	2 248	583.9
广东	360 204	326 218	10.4	353 146	319 820	10.4
广西	94 591	92 803	1.9	86 858	84 797	2.4
海南	43 889	55 054	-20.3	42 587	52 439	-18.8
重庆						
四川						
贵州						
云南	3 100	2 701	14.8	3 100	2 701	14.8
西藏						
陕西						
甘肃	9 750	17 099	-43.0	9 750	16 803	-42.0
青海						
宁夏	3 425	2 545	34.6			
新疆（兵团）	2 908 680	5 751 745	-49.4	2 771 975	5 574 124	-50.3
新疆（农业）	8 917	9 390	-5.0			
新疆（畜牧）						
热科院						
广州	1 584	1 732	-8.6			
南京						

全国农垦农作物播种面积和产量

项　目	播种面积（千公顷）		总产量（吨）		每公顷产量（千克）	
	2009年	2008年	2009年	2008年	2009年	2008年
农作物总计	**6 073.28**	**5 831.82**				
粮食	4 384.31	3 948.82	27 731 499	24 215 326	6 325	6 132
夏收粮食	507.50	402.00	2 834 230	2 101 782	5 585	5 228
稻谷	1 615.02	1 526.93	13 543 213	12 403 892	8 386	8 123
早稻	74.92	68.92	452 949	413 402	6 046	5 998
小麦	700.50	523.85	3 822 147	2 584 385	5 456	4 933
春小麦	403.38	288.35	2 166 199	1 295 165	5 370	4 492
玉米	977.88	754.75	7 219 653	5 742 289	7 383	7 608
谷子	2.53	2.86	3 484	6 573	1 377	2 298
高粱	14.67	9.01	80 455	53 932	5 484	5 986
大豆	839.46	687.19	2 057 647	1 707 943	2 451	2 485
薯类	52.26	82.14	333 253	489 256	6 377	5 956
油料	371.06	409.96	811 445	784 953	2 187	1 915
花生	32.37	34.72	92 207	99 695	2 849	2 871
油菜籽	205.14	181.19	419 994	294 471	2 047	1 625
向日葵	102.23	119.05	258 421	296 948	2 528	2 494
棉花	656.16	756.03	1 412 208	1 635 651	2 152	2 163
麻类	7.89	31.01	36 048	117 024	4 569	3 774
糖料	101.92	117.62	7 582 235	8 460 304	74 394	71 929
甘蔗	63.98	66.22	5 432 983	5 841 100	84 917	88 207
烟叶	1.41	1.71	3 595	6 752	2 550	3 949
药材	9.50	21.75	14 887	28 907	1 567	1 329
蔬菜、瓜类	263.96	261.11	12 168 309	9 716 866	46 099	37 214
其他农作物	277.08	283.81				

各地区农垦主要农作物播种面积和产量（一）

地区	农作物播种面积（公顷）	粮食					
					稻谷		
		播种面积（公顷）	总产量（吨）	每公顷产量（千克）	播种面积（公顷）	总产量（吨）	每公顷产量（千克）
全国总计	**6 073 279**	**4 384 310**	**27 731 499**	**6 325**	**1 615 021**	**13 543 213**	**8 386**
北京	1 382	1 090	4 953	4 544			
天津	2 979	2 146	14 803	6 898	800	6 370	7 963
河北	97 696	62 534	393 021	6 285	19 294	190 198	9 858
山西	6 139	4 409	23 050	5 228			
内蒙古	543 902	395 546	1 594 747	4 032	3 676	27 831	7 571
辽宁	158 796	139 751	1 168 321	8 359	93 772	923 100	9 844
吉林	113 472	102 696	617 660	6 014	32 282	298 825	9 257
黑龙江	2 643 866	2 544 187	16 526 330	6 496	1 092 140	9 273 179	8 491
上海	40 503	27 495	215 771	7 848	15 019	134 073	8 927
江苏	137 775	128 138	981 657	7 661	60 317	554 788	9 198
浙江	5 083	2 657	15 086	5 678	1 241	8 837	7 121
安徽	67 165	58 309	340 652	5 842	16 437	135 606	8 250
福建	23 718	12 782	70 752	5 535	8 870	52 918	5 966
江西	104 214	74 704	498 441	6 672	70 475	474 364	6 731
山东	14 148	7 884	47 752	6 057	522	4 407	8 443
河南	49 355	40 297	240 012	5 956	1 099	8 935	8 130
湖北	303 528	157 626	870 223	5 520	47 393	386 315	8 151
湖南	153 555	92 757	578 155	6 233	76 953	525 204	6 825
广东	45 126	8 822	54 408	6 167	5 211	34 964	6 710
广西	31 930	1 984	11 853	5 977	677	4 937	7 292
海南	65 894	30 066	143 707	4 780	24 881	123 643	4 969
重庆	26	8	39	4 875			
四川	1 836	595	1 818	3 054	67	450	6 716
贵州	2 532	1 134	6 122	5 399	389	2 904	7 465
云南	19 157	11 400	48 959	4 295	3 846	24 541	6 381
西藏							
陕西	12 679	9 716	64 926	6 682	162	1 331	8 216
甘肃	49 451	29 685	195 910	6 600			
青海	19 912	5 011	23 948	4 779			
宁夏	42 027	35 831	316 922	8 845	10 527	85 044	8 079
新疆（兵团）	1 107 702	314 000	2 121 017	6 755	21 772	201 315	9 247
新疆（农业）	80 166	31 733	221 469	6 979	3 435	32 203	9 375
新疆（畜牧）	127 248	49 043	317 661	6 477	3 498	25 638	7 330
热科院	303	273	1 356	4 966	266	1 294	4 864
广州							
南京	15						

各地区农垦主要农作物播种面积和产量（二）

地区	粮食						
	小麦			玉米			大豆
	播种面积（公顷）	总产量（吨）	每公顷产量（千克）	播种面积（公顷）	总产量（吨）	每公顷产量（千克）	播种面积（公顷）
全国总计	**700 495**	**3 822 147**	**5 456**	**977 882**	**7 219 653**	**7 383**	**839 456**
北京	478	1 916	4 008	602	3 009	4 998	10
天津	198	1 124	5 677	1 015	6 903	6 801	129
河北	15 678	67 595	4 311	18 118	108 733	6 000	828
山西	212	846	3 991	3 779	18 756	4 963	132
内蒙古	102 520	501 703	4 894	110 040	574 921	5 225	98 952
辽宁	131	685	5 229	36 686	221 734	6 044	6 051
吉林	1	1	1 000	49 610	280 816	5 660	9 377
黑龙江	144 604	777 029	5 373	588 071	4 550 139	7 737	664 137
上海	8 689	57 881	6 661				27
江苏	37 790	254 083	6 724	3 283	18 088	5 510	1 579
浙江	495	1 912	3 863	129	497	3 853	655
安徽	28 497	171 739	6 027	893	4 072	4 560	11 714
福建	4	6	1 500	454	2 029	4 469	737
江西	133	395	2 978	333	1 614	4 848	1 561
山东	3 989	26 560	6 658	1 922	13 476	7 011	1 442
河南	22 417	151 315	6 750	8 793	58 264	6 626	7 790
湖北	74 748	273 015	3 652	22 632	159 958	7 067	6 349
湖南	2 647	8 396	3 172	4 147	22 020	5 310	4 010
广东				455	3 316	7 288	263
广西				807	5 134	6 362	213
海南				498	2 307	4 633	258
重庆				5	32	6 400	2
四川	66	225	3 409	60	170	2 833	3
贵州	112	232	2 071	413	1 515	3 668	29
云南	274	538	1 964	6 942	23 337	3 362	
西藏							
陕西	4 113	18 125	4 407	4 630	41 130	8 883	589
甘肃	14 811	89 879	6 068	9 046	70 106	7 750	25
青海	1 951	10 023	5 138				
宁夏	7 907	55 199	6 981	15 247	171 606	11 255	1 605
新疆（兵团）	197 080	1 196 203	6 070	63 323	602 705	9 518	14 290
新疆（农业）	10 920	58 968	5 400	14 815	122 224	8 250	1 160
新疆（畜牧）	20 031	96 554	4 820	11 133	131 038	11 771	5 539
热科院				1	4	2 993	
广州							
南京							

各地区农垦主要农作物播种面积和产量（三）

地区	粮食		棉花			油料	
	大豆						
	总产量（吨）	每公顷产量（千克）	播种面（公顷）	总产量（吨）	每公顷产量（千克）	播种面积（公顷）	总产量（吨）
全国总计	**2 057 647**	**2 451**	**656 164**	**1 412 208**	**2 152**	**371 056**	**811 445**
北京	28	2 800					
天津	316	2 450	677	1 457	2 152	8	14
河北	2 002	2 418	19 913	25 487	1 280	2 747	1 934
山西	246	1 864	140	177	1 264	244	287
内蒙古	153 587	1 552	36	162	4 500	125 691	272 746
辽宁	14 996	2 478				4 540	10 027
吉林	13 844	1 476				9 190	10 953
黑龙江	1 718 641	2 588				21 189	32 851
上海	59	2 185				144	232
江苏	4 245	2 688	958	1 536	1 603	1 167	3 084
浙江	3 219	4 915	50	49	980	167	334
安徽	26 284	2 244	3 937	6 593	1 675	3 038	5 902
福建	2 015	2 734				1 683	4 425
江西	3 296	2 111	3 121	9 012	2 887	12 054	20 870
山东	3 295	2 285	5 541	6 319	1 140	134	564
河南	20 298	2 606	2 132	2 514	1 179	4 707	11 034
湖北	18 020	2 838	47 726	63 521	1 330	37 823	97 127
湖南	7 480	1 865	14 560	25 334	1 740	23 867	45 723
广东	532	2 023				2 897	7 555
广西	564	2 648				950	3 648
海南	566	2 194				2 955	6 617
重庆	4	2 000				3	6
四川	4	1 348				950	473
贵州	31	1 098				513	661
云南						211	295
西藏							
陕西	2 192	3 722	1 401	4 296	3 066	408	1 529
甘肃	34	1 360	6 567	9 830	1 497	2 387	8 908
青海						11 478	14 362
宁夏	963	600				2 061	5 056
新疆（兵团）	43 327	3 032	487 851	1 134 319	2 325	68 750	186 302
新疆（农业）	3 219	2 775	36 400	70 980	1 950	4 421	10 818
新疆（畜牧）	14 339	2 589	25 154	50 622	2 012	24 675	47 092
热科院						4	17
广州							
南京							

各地区农垦主要农作物播种面积和产量（四）

地　区	油　料	油菜籽			糖　料		
	每公顷产量（千克）	播种面积（公顷）	总产量（吨）	每公顷产量（千克）	播种面积（公顷）	总产量（吨）	每公顷产量（千克）
全国总计	**2 187**	**205 140**	**419 994**	**2 047**	**101 920**	**7 582 235**	**74 394**
北　京							
天　津	1 750						
河　北	704	414	100	242	34	1 504	44 235
山　西	1 176	6	12	2 000	103	3 849	37 369
内蒙古	2 170	98 900	208 438	2 108	417	15 874	38 067
辽　宁	2 209				27	1 298	48 074
吉　林	1 192						
黑龙江	1 550				12 738	461 963	36 267
上　海	1 611	144	232	1 611			
江　苏	2 643	1 062	2 774	2 612	285	790	2 772
浙　江	2 000	156	288	1 846	1	14	14 000
安　徽	1 943	1 896	3 926	2 071			
福　建	2 629	104	171	1 644	417	31 610	75 803
江　西	1 731	8 682	12 413	1 430	201	6 717	33 340
山　东	4 209						
河　南	2 344	527	609	1 156			
湖　北	2 567	27 262	63 437	2 326	146	10 395	71 198
湖　南	1 916	21 413	41 700	1 947	1 832	124 576	68 000
广　东	2 608				26 901	2 162 766	80 397
广　西	3 840				22 423	2 201 458	98 179
海　南	2 239				6 887	449 936	65 331
重　庆	2 000	3	6	2 000			
四　川	497	949	471	496			
贵　州	1 289	496	638	1 286			
云　南	1 398	131	139	1 061	5 169	445 498	86 186
西　藏							
陕　西	3 748						
甘　肃	3 732	51	60	1 176	26	1 773	68 192
青　海	1 251	11 478	14 266	1 243			
宁　夏	2 453						
新疆（兵团）	2 710	21 179	52 436	2 476	20 301	1 453 322	71 589
新疆（农业）	2 447	2 558	5 564	2 175	1 311	68 434	52 200
新疆（畜牧）	1 909	7 730	12 314	1 593	2 700	140 444	52 023
热科院	3 753				1	13	22 928
广　州							
南　京							

各地区农垦主要工业产品产量（一）

地　　区	发电量（万千瓦时）	原煤（吨）	混配合饲料（吨）	水泥（万吨）	砖（万块）	机制纸及纸板（吨）
全国总计	**1 412 030**	**16 382 370**	**4 178 077**	**1 827.97**	**872 817**	**1 077 642**
北　京						
天　津						8 109
河　北			100 466	56.50	27 167	607 336
山　西		60 000	350			
内 蒙 古	2 337	8 228 715	21 190	61.00	45 261	3 640
辽　宁			80 411	7.00	44 925	3 075
吉　林				49.00		6 800
黑 龙 江	47 622	464 840	312 788	163.80	105 133	47 924
上　海						
江　苏			98 447		22 515	
浙　江	65 502		234 117	114.00	4 000	
安　徽	5 000		63 332	14.46	8 037	
福　建	6 786	107 242	7 750	44.55	22 545	66 164
江　西	17 573	292 071	26 970	0.97	45 588	95 736
山　东			2 003		4 310	
河　南			91 167	9.00	2 200	1 751
湖　北	17 116		729 015	220.00	147 796	16 238
湖　南	5 998		940 000	2.00	14 000	36 000
广　东	14 892		4 059	50.36	37 858	22 293
广　西	18 136		182 355	44.26	85 663	40 242
海　南	6 742			81.00	11 496	
重　庆			426 827			
四　川	18 397	172			1 600	
贵　州			21 227		54	
云　南	37 267			7.14	7 834	
西　藏						
陕　西		170 000	11 867			
甘　肃	5 423		8 570	197.21		
青　海					820	
宁　夏		89 040	23 884		19 065	
新疆（兵团）	1 140 949	6 785 468	773 076	705.72	179 967	120 131
新疆（农业）	2 150	124 322	13 797		31 185	
新疆（畜牧）	140	60 500	1 209		3 798	2 203
热 科 院						
广　州						
南　京			3 200			

各地区农垦主要工业产品产量（二）

地　区	纱（万吨）	布（万米）	机制糖（吨）	饮料酒（吨）	乳制品（吨）	食用植物油（吨）
全国总计	**42.16**	**65 339**	**1 788 222**	**1 847 850**	**2 070 908**	**1 704 508**
北　京				16	235 618	
天　津				40 558	84 669	
河　北	0.02	6 250		3 846	333 931	28 950
山　西					735	
内 蒙 古				911	23 418	40 131
辽　宁				292 174	99 484	2 200
吉　林				5		
黑 龙 江			32 127	38 989	357 241	794 751
上　海			185 598	112 546	360 675	
江　苏	2.76					12 534
浙　江		35 309		534 668	2 380	
安　徽	1.38			4 250	15 910	4 170
福　建		86		1 551	1 186	792
江　西	2.00	2 285		28 630		9 209
山　东					160	
河　南	1.68	21		26 920	11 778	1 982
湖　北	11.94	12 812		388 153	76 525	470 475
湖　南			3 500	3 843	5 400	3 000
广　东			557 015	1 961	68 300	1 750
广　西			764 009	3 079	2 926	491
海　南			45 700	107		115
重　庆					184 428	
四　川				6 823	2 532	
贵　州				24	30 127	
云　南			61 522	74		
西　藏						
陕　西					1 798	2 432
甘　肃	0.01			142 951		
青　海					13 367	
宁　夏				126 361	19 572	57
新疆（兵团）	20.16	8 576	138 751	85 392	72 773	315 236
新疆（农业）	2.15			4 018	505	10 198
新疆（畜牧）	0.06				44 168	6 035
热 科 院						
广　州					21 302	
南　京						

全国农垦畜牧业生产情况

项　　目	单　位	2009 年	2008 年	2009 年比 2008 年增减	
				绝对量	%
牲畜饲养					
大牲畜年末总头数	万头	317.16	306.89	10.27	3.35
#役畜	万头	22.39	25.14	-2.75	-10.94
占总头数比重	%	7.1	8.2		-1.1
牛	万头	286.31	275.81	10.50	3.8
#能繁殖母畜	万头	149.82	150.09	-0.27	-0.18
占年末头数比重	%	52.33	54.42		-2.09
仔畜	万头	81.55	79.88	1.67	2.09
#黄牛	万头	147.51	143.51	4.00	2.79
良种及改良奶牛	万头	127.01	119.70	7.31	6.11
马	万匹	20.10	19.72	0.38	1.93
猪年末头数	万头	1 053.39	968.68	84.71	8.74
能繁殖母畜	万头	139.61	130.67	8.94	6.84
占年末头数比重	%	13.25	13.49		-0.24
羊年末只数	万只	1 268.87	1 452.26	-183.39	-12.63
能繁殖母畜	万只	801.37	838.78	-37.41	-4.46
占年末只数比重	%	63.16	57.76		5.40
畜产品产量					
肉类总产量	吨	2 234 001	1 920 233	313 768	16.34
出栏肉猪	万头	1 759.97	1 516.83	243.14	16.03
猪肉产量	吨	1 369 020	1 205 737	163 283	13.54
出栏肉牛	万头	135.66	116.23	19.43	16.72
牛肉产量	吨	210 220	187 724	22 496	11.98
出栏肉羊	万只	1 025.65	1 134.29	-108.64	-9.58
羊肉产量	吨	146 876	177 843	-30 967	-17.41
牛奶产量	吨	3 446 545	3 208 060	238 485	7.43
羊毛产量	吨	25 203	25 056	147	0.59
蜂蜜产量	吨	6 495	5 915	580	9.81
禽蛋产量	吨	313 428	256 108	57 320	22.38

各地区农垦主要牲畜年末存栏情况

地区	大牲畜（万头）	牛	奶牛	猪（万头）	羊（万只）
全国总计	**317.16**	**286.31**	**127.01**	**1 053.39**	**1 268.87**
北京	3.81	3.81	3.81	4.46	
天津	1.98	1.94	1.94	0.58	
河北	12.47	12.29	11.76	26.86	7.41
山西	1.16	1.13	1.08	0.45	1.85
内蒙古	38.39	34.72	18.24	16.60	201.88
辽宁	12.59	9.89	3.43	84.75	15.06
吉林	4.13	3.55	1.19	16.29	13.89
黑龙江	89.15	88.86	37.43	232.58	171.36
上海	3.50	3.50	3.50	10.00	
江苏	0.48	0.48	0.38	7.58	1.23
浙江	0.15	0.15	0.15	32.86	
安徽	0.75	0.75	0.54	2.70	0.58
福建	1.51	1.51	0.62	30.57	0.94
江西	3.22	3.22	0.51	51.11	1.43
山东	0.17	0.17	0.16	2.18	1.08
河南	0.89	0.88	0.31	23.89	1.46
湖北	5.50	5.50	0.92	95.76	3.86
湖南	2.64	2.59	0.03	83.96	2.65
广东	2.65	2.65	0.72	34.98	0.10
广西	0.85	0.85	0.17	75.45	0.05
海南	9.16	9.16	0.01	55.24	15.84
重庆	1.61	1.61	1.61	5.41	
四川	11.68	11.08	0.16	0.66	2.87
贵州	0.97	0.95	0.86	0.55	0.19
云南	0.67	0.67	0.07	8.21	0.28
西藏					
陕西	0.20	0.20	0.11	1.01	1.97
甘肃	1.48	1.28	0.28	1.26	15.36
青海	3.80	3.73	3.17	0.41	26.08
宁夏	3.03	3.03	2.63	3.86	6.89
新疆（兵团）	37.95	33.85	17.62	134.09	414.15
新疆（农业）	7.01	5.10	1.44	5.50	32.59
新疆（畜牧）	53.06	36.66	11.66	2.90	327.74
热科院	0.05	0.05		0.67	0.08
广州	0.51	0.51	0.51		
南京					

各地区农垦渔业生产情况

地　区	水产养殖面积（公顷）	对虾养殖面积	水产品产量（吨）	养殖产量	对虾产量
全国总计	**319 431**	**16 569**	**1 077 235**	**947 813**	**42 080**
北　京					
天　津	793		7 875	7 875	
河　北	12 501	3 912	73 952	67 192	10 574
山　西	8		6	6	
内蒙古	4 276		4 727	2 215	
辽　宁	106 941	5 750	282 308	236 519	6 692
吉　林	669		1 644	1 594	
黑龙江	25 711		23 555	18 958	
上　海	2 995		14 755	14 755	
江　苏	4 820	388	40 322	27 814	2 446
浙　江	1 140	584	7 231	5 775	2 409
安　徽	1 148		4 635	4 213	
福　建	2 001	192	32 107	24 354	801
江　西	19 609		34 518	25 949	
山　东	4 538	3 060	4 948	2 354	506
河　南	577		6 736	6 555	
湖　北	43 200		332 622	332 622	
湖　南	33 554		78 684	43 697	
广　东	4 101	1 618	29 475	29 475	10 078
广　西	1 375	278	15 487	15 487	2 025
海　南	5 330	787	41 827	41 208	6 549
重　庆	26		154	154	
四　川	51		794	794	
贵　州	107		32	32	
云　南	1 723		6 248	6 248	
西　藏					
陕　西	33		42	42	
甘　肃	139		20	20	
青　海					
宁　夏	6 167		6 714	6 714	
新疆（兵团）	32 481		23 569	22 969	
新疆（农业）	3 218		1 882	1 882	
新疆（畜牧）	169		222	222	
热科院	23		120	120	
广　州					
南　京	8		26		

各地区农垦固定资产投资完成情况

单位：万元

地　区	投资总额				新增固定资产
		第一产业	第二产业	第三产业	
全国总计	**13 578 956**	**1 738 650**	**6 352 658**	**5 487 648**	**11 079 135**
北　京	68 035	19 588	7 447	41 000	75 037
天　津	81 511	5 252	13 233	63 026	19 473
河　北	1 623 315	87 587	898 362	637 366	849 473
山　西	9 526	553	746	8 227	9 321
内蒙古	598 381	118 895	314 794	164 692	598 382
辽　宁	1 139 399	231 281	528 531	379 587	1 139 399
吉　林	12 504	7 083	4 171	1 250	7 718
黑龙江	1 428 162	295 987	151 946	980 229	1 069 067
上　海	147 630	48 922	45 989	52 719	129 579
江　苏	177 946	31 654	88 735	57 557	142 467
浙　江	103 761	1 205	102 479	77	90 888
安　徽	44 321	18 877	14 146	11 299	34 046
福　建	93 978	2 834	83 268	7 876	88 412
江　西	620 508	18 847	373 343	228 318	399 075
山　东	5 273	1 617	2 902	754	5 273
河　南	20 353	5 668	11 887	2 798	18 476
湖　北	1 685 836	143 640	1 086 171	456 025	1 358 653
湖　南	560 946	119 715	280 559	160 672	501 156
广　东	193 957	38 740	37 917	117 300	129 771
广　西	1 011 646	42 260	744 291	225 095	630 097
海　南	489 672	41 435	8 171	440 066	456 131
重　庆	17 785	2 590	3 801	11 394	6 510
四　川	914	295	619		986
贵　州	782	341	403	38	637
云　南	76 278	39 093	7 934	29 251	54 485
西　藏					
陕　西	2 609	2 287	225	97	1 768
甘　肃	55 343	9 378	44 090	1 875	51 716
青　海	2 439	2 150	198	91	3 247
宁　夏	42 285	8 501	5 081	28 704	8 173
新疆（兵团）	3 184 664	363 353	1 481 274	1 340 037	3 154 291
新疆（农业）	17 144	11 815	2 638	2 691	11 829
新疆（畜牧）	25 912	14 433	5 817	5 662	15 110
热科院	29 839			29 839	15 240
广　州	4 722	2 696	1 491	535	3 148
南　京	1 581	80		1 501	102

八、农 机

全国主要农业机械发展情况（一）

项　目	单　位	2009 年	2008 年	2009 年比 2008 年	
				增减量	%
农业机械总动力	**万千瓦**	**87 496.10**	**82 190.41**	**5 305.69**	**6.46**
柴油发动机动力	万千瓦	70 410.41	65 927.94	4 482.47	6.80
汽油发动机动力	万千瓦	2 357.10	2 279.12	77.98	3.42
电动机动力	万千瓦	14 652.20	13 886.91	765.29	5.51
其他机械动力	万千瓦	76.39	96.44	-20.05	-20.79
拖拉机及配套机械					
拖拉机数量	万台	2 101.42	2 021.91	79.51	3.93
大中型拖拉机数量	万台	350.52	299.52	51.00	17.03
小型拖拉机数量	万台	1 750.90	1 722.41	28.49	1.65
拖拉机动力	万千瓦	26 664.79	24 835.48	1 829.31	7.37
大中型拖拉机动力	万千瓦	9 742.10	8 186.50	1 555.60	19.00
小型拖拉机动力	万千瓦	16 922.69	16 647.66	275.03	1.65
拖拉机配套农具	万部	3 422.62	3 229.91	192.71	5.97
大中拖配套农具	万部	542.06	435.36	106.70	24.51
小拖配套农具	万部	2 880.56	2 794.54	86.02	3.08
种植业机械					
耕整地机械					
耕整机	万台（套）	330.00	257.63	72.37	28.09
机耕船	万艘	12.87	12.05	0.82	6.80
机引犁	万台	1 238.63	1 208.03	30.60	2.53
深松机	万台	12.48	8.57	3.91	45.62
机引耙	万台	739.41	711.65	27.76	3.90
种植施肥机械					
播种机	万台	514.80	482.11	32.69	6.78
免耕播种机	万台	65.07	56.03	9.04	16.13
精少量播种机	万台	310.07	294.50	15.57	5.29
水稻种植机械					
水稻直播机	万台	1.21	1.10	0.11	10.00
水稻插秧机	万台	26.09	19.96	6.13	30.69
水稻浅栽机	万台	1.28	1.20	0.08	6.67
化肥深施机	万台	59.23	57.78	1.45	2.51
地膜覆盖机	万台	34.71	30.73	3.98	12.95

全国主要农业机械发展情况（二）

项　　目	单　位	2009 年	2008 年	2009 年比 2008 年	
				增减量	%
农用排灌机械					
农用排灌动力机械数量	万台	2 085.71	2 034.85	50.86	2.50
农用排灌动力机械动力	万千瓦	13 536.34	13 018.37	517.97	3.98
农用水泵	万台	2 040.62	1 979.24	61.38	3.10
节水灌溉类机械	万套	137.56	134.54	3.02	2.24
田间管理机械					
机动喷雾（粉）机	万台	395.91	356.42	39.49	11.08
茶叶修剪机	万台	10.01	5.55	4.46	80.36
收获机械					
联合收获机	万台	85.84	74.35	11.49	15.45
割晒机	万台	48.93	49.21	-0.28	-0.57
其他收获机械	万台	83.44	69.37	14.07	20.28
收获后处理机械					
机动脱粒机	万台	987.94	963.15	24.79	2.57
谷物烘干机	万台	4.33	2.54	1.79	70.47
种子加工机械	万台	2.61	2.25	0.36	16.00
保鲜储藏设备	万台（套）	2.74	1.95	0.79	40.51
设施农业设备					
水稻工厂化育秧设备	万套	0.45	0.26	0.19	73.08
温室	万平方米	976 631.98	833 273.25	143 358.73	17.20
农产品初加工机械					
农产品初加工动力机械	万台	1 296.64	1 215.76	80.88	6.65
	万千瓦	8 066.05	7 758.40	307.65	3.97
农产品初加工作业机械	万台	1 157.83	1 089.95	67.88	6.23
畜牧养殖机械	**万台（套）**	**577.05**	**545.30**	**31.75**	**5.82**
渔业机械	**万台**	**216.56**	**193.47**	**23.09**	**11.93**
林果业机械	**万台**	**13.36**	**9.47**	**3.89**	**41.08**
运输机械					
农用运输车	万台	1 345.04	1 320.80	24.24	1.84
三轮汽车	万台	1 078.71	1 065.97	12.74	1.19
手扶变型运输机	万台	82.26	66.42	15.84	23.85
农用挂车	万台	794.03	800.18	-6.15	-0.77

全国主要农业机械发展情况（三）

项　目	单　位	2009 年	2008 年	2009 年比 2008 年	
				增减量	%
农田基本建设机械	**万台**	**39.35**	**37.68**	**1.67**	**4.43**
其他机械					
农用飞机	架	91.00	89.00	2.00	2.25
农业机械原值和净值					
农业机械原值	亿元	5 819.77	5 191.86	627.91	12.09
农业机械净值	亿元	4 224.46	3 764.39	460.07	12.22

全国主要农田机械化作业情况

项　目	单　位	2009 年	2008 年	2009 年比 2008 年	
				增减量	%
农机化作业总体情况					
耕种收综合机械化水平	%	49.13	45.85	3.28	
机耕面积	千公顷	95 719.27	91 152.60	4 566.67	5.01
机耕水平	%	65.99	62.92	3.07	
机播面积	千公顷	65 093.08	58 974.26	6 118.82	10.38
机播水平	%	41.03	37.74	3.29	
机收面积	千公顷	53 408.65	47 484.04	5 924.61	12.48
机收水平	%	34.74	31.19	3.55	
机械植保面积	千公顷	53 237.01	50 435.85	2 801.16	5.55
主要农作物农机化作业面积					
小麦机耕	千公顷	22 011.71	20 888.27	1 123.44	5.38
小麦机播	千公顷	20 495.32	19 196.62	1 298.70	6.77
小麦机收	千公顷	20 907.72	19 800.37	1 107.35	5.59
水稻机耕	千公顷	24 570.80	22 985.33	1 585.47	6.90
水稻机械种植	千公顷	4 950.12	4 014.44	935.68	23.31
水稻机收	千公顷	16 794.95	14 961.10	1 833.85	12.26
玉米机耕	千公顷	18 847.60	16 482.67	2 364.93	14.35
玉米机播	千公顷	22 600.54	19 298.86	3 301.68	17.11
玉米机收	千公顷	5 273.25	3 168.50	2 104.75	66.43

各地区农业机械总动力情况

单位：万千瓦

地区	农业机械总动力	柴油发动机动力	汽油发动机动力	电动机动力	其他机械动力
全国总计	**87 496.10**	**70 410.41**	**2 357.10**	**14 652.20**	**76.39**
北京	271.54	170.28	25.74	75.52	
天津	595.00	386.27	71.16	137.57	
河北	9 861.12	7 753.25	118.37	1 989.23	0.27
山西	2 655.04	2 233.85	84.89	336.30	
内蒙古	2 891.64	2 599.44	13.02	277.46	1.72
辽宁	2 142.93	1 684.91	69.98	385.19	2.85
吉林	2 001.13	1 773.00	25.93	197.00	5.20
黑龙江	3 401.27	3 170.75	87.27	143.25	
上海	99.23	55.23	7.64	36.36	
江苏	3 810.57	2 827.76	126.09	856.72	
浙江	2 384.03	1 663.86	93.53	626.64	
安徽	5 108.85	4 397.03	89.41	622.40	0.01
福建	1 175.01	878.10	50.47	246.44	
江西	3 358.93	2 619.05	144.27	595.61	
山东	11 080.66	9 487.07	153.75	1 439.81	0.03
河南	9 817.84	8 694.90	50.84	1 072.10	
湖北	3 057.24	2 220.90	57.49	778.85	
湖南	4 352.39	3 348.56	256.64	729.01	18.18
广东	2 190.18	1 555.33	137.44	490.47	6.93
广西	2 550.93	2 065.59	57.48	424.41	3.46
海南	396.07	327.63	22.87	35.32	10.25
重庆	967.41	548.78	108.88	309.35	0.40
四川	2 952.66	1 970.29	145.51	834.36	2.50
贵州	1 606.42	1 122.17	49.39	421.34	13.52
云南	2 159.40	1 509.43	87.85	561.29	0.84
西藏	358.44	243.04	111.00	1.46	2.94
陕西	1 832.98	1 411.89	43.15	377.89	0.06
甘肃	1 822.65	1 472.74	25.39	323.95	0.57
青海	388.68	335.71	18.55	30.46	3.96
宁夏	702.55	595.02	6.38	100.92	0.23
新疆	1 503.31	1 288.59	16.72	195.53	2.47

各地区主要农业机械拥有量情况（一）

地　区	农业机械总动力（万千瓦）	拖拉机及配套机械					
		大中型拖拉机		小型拖拉机		大中型拖拉机配套农具	小型拖拉机配套农具
		（万台）	（万千瓦）	（万台）	（万千瓦）	（万部）	（万部）
全国总计	**87 496.10**	**350.52**	**9 742.10**	**1 750.90**	**16 922.69**	**542.06**	**2 880.56**
北　京	271.54	0.78	33.67	1.40	15.75	1.39	1.04
天　津	595.00	1.28	52.99	3.18	33.81	1.84	3.88
河　北	9 861.12	15.52	624.27	149.14	1 611.41	32.00	199.45
山　西	2 655.04	6.26	223.71	28.47	269.64	12.69	37.21
内蒙古	2 891.64	48.26	977.01	50.07	609.63	73.58	82.03
辽　宁	2 142.93	13.57	354.64	24.46	258.31	17.02	35.52
吉　林	2 001.13	25.12	528.58	59.00	573.00	48.00	168.00
黑龙江	3 401.27	58.30	1 415.95	71.10	766.10	67.38	116.99
上　海	99.23	0.54	21.76	0.61	5.68	1.25	0.55
江　苏	3 810.57	8.50	320.34	123.32	1 119.40	13.29	170.91
浙　江	2 384.03	0.74	26.37	17.01	151.87	1.07	18.88
安　徽	5 108.85	10.50	383.79	233.24	1 861.59	19.46	528.27
福　建	1 175.01	0.24	9.24	10.86	106.68	0.23	10.75
江　西	3 358.93	1.52	34.96	32.84	394.08	1.98	23.16
山　东	11 080.66	39.93	1 316.32	196.83	1 616.16	81.24	301.24
河　南	9 817.84	24.69	816.84	365.53	3 806.10	58.25	660.84
湖　北	3 057.24	11.86	358.40	90.83	640.45	20.37	178.55
湖　南	4 352.39	7.53	221.98	18.47	189.13	2.27	8.16
广　东	2 190.18	1.61	63.27	35.70	291.73	2.38	39.29
广　西	2 550.93	1.96	82.62	32.56	283.27	2.79	46.06
海　南	396.07	2.45	57.29	4.92	47.69	1.13	3.25
重　庆	967.41	0.28	9.72	0.68	8.84	0.16	0.22
四　川	2 952.66	7.77	179.11	11.84	147.96	2.60	10.61
贵　州	1 606.42	2.50	58.95	5.34	65.45	1.29	2.14
云　南	2 159.40	20.90	446.30	32.12	338.58	2.79	25.79
西　藏	358.44	0.25	9.90	9.45	153.67	0.71	3.22
陕　西	1 832.98	7.07	223.54	17.56	184.33	11.98	26.13
甘　肃	1 822.65	5.82	138.78	43.72	480.06	18.13	74.72
青　海	388.68	0.79	20.33	25.62	242.23	0.43	22.85
宁　夏	702.55	2.21	56.15	17.89	194.31	4.37	21.21
新　疆	1 503.31	21.78	675.33	37.14	455.78	39.99	59.64

各地区主要农业机械拥有量情况（二）

地　　区	种植业机械						
	耕整机（万台/套）	机耕船（万艘）	机引犁（万台）	旋耕机（万台）	深松机（万台）	机引耙（万台）	播种机（万台）
全国总计	**330.00**	**12.87**	**1 238.63**	**409.50**	**12.48**	**739.41**	**514.80**
北　　京	1.19		0.39	0.55	0.02	0.16	0.94
天　　津	1.09		0.74	2.06	0.03	0.19	1.75
河　　北	0.75	…	65.79	21.36	0.73	9.17	49.81
山　　西	0.60		19.69	6.70	0.37	4.95	9.82
内 蒙 古	0.78	0.01	55.00	3.78	1.29	14.20	48.03
辽　　宁	2.58		9.12	5.31	0.28	3.21	15.12
吉　　林	0.46		55.50	8.40	2.40	19.45	43.28
黑 龙 江	3.70		37.70	12.50	2.20	13.50	51.80
上　　海			0.39	0.61		0.03	0.03
江　　苏	0.72		28.41	87.27	0.46	4.40	22.73
浙　　江	1.54	0.45	3.20	12.27		1.99	0.02
安　　徽	3.11	0.01	212.77	54.06	0.18	177.34	38.10
福　　建	3.27	0.03	1.36	8.36	0.01	0.53	…
江　　西	25.22	0.67	9.20	19.72	0.08	9.26	0.16
山　　东	4.97		128.48	29.24	0.74	79.78	61.04
河　　南	0.52		316.80	15.46	0.21	214.60	119.24
湖　　北	25.31	1.62	78.54	39.40	0.03	60.59	2.75
湖　　南	118.01	9.68	73.89	10.24	0.23	61.94	0.04
广　　东	6.71	0.25	7.95	11.93	0.03	6.24	…
广　　西	42.88	0.04	16.11	11.79	0.13	14.55	
海　　南	6.31	0.05	1.50	0.90	0.05	0.92	
重　　庆	14.20		0.03	0.44		0.02	0.07
四　　川	34.13	0.03	7.55	9.85	0.01	3.35	1.66
贵　　州	8.45	0.04	2.02	2.45	0.01	1.59	0.02
云　　南	14.12	0.01	10.75	10.88	0.35	5.53	0.09
西　　藏	0.31		2.18	0.15		0.88	1.71
陕　　西	2.84		12.73	8.46	0.11	0.13	11.01
甘　　肃	4.45		32.52	6.68	2.35	17.70	11.20
青　　海	0.11		11.67	5.61	0.01	1.38	5.39
宁　　夏	1.03	…	14.22	0.78	0.03	3.74	7.65
新　　疆	0.63		22.42	2.28	0.15	8.09	11.33

各地区主要农业机械拥有量情况（三）

地　区	种植业机械						
	水稻直播机（万台）	水稻插秧机（万台）	水稻浅栽机（万台）	化肥深施机（万台）	地膜覆盖机（万台）	农用排灌动力机械（万台）	农用水泵（万台）
全国总计	**1.21**	**26.09**	**1.28**	**59.23**	**34.71**	**2 085.71**	**2 040.62**
北　京				0.05	0.02	4.50	4.31
天　津		0.01		0.01	0.32	10.96	8.55
河　北	…	0.02		5.69	3.80	261.93	171.28
山　西				1.65	1.93	15.39	13.10
内蒙古		0.27		2.51	3.28	35.63	36.60
辽　宁	0.01	1.21	0.07	0.90	0.37	103.96	128.99
吉　林	…	1.06	0.03	11.00	0.27	46.95	47.40
黑龙江	0.17	13.10		0.85	0.30	30.08	40.70
上　海	0.09	0.08		…		1.57	1.57
江　苏	0.27	5.32		0.45	0.02	56.32	60.42
浙　江	0.02	0.32	0.01	0.02		98.19	94.75
安　徽	0.06	0.84	0.01	9.72	0.72	148.11	170.09
福　建	…	0.11	…	…	0.01	14.84	14.15
江　西	0.02	0.32	0.53	0.60	0.01	103.60	70.34
山　东		0.03		2.63	9.45	300.39	293.82
河　南	0.02	0.09		9.91	1.29	158.21	215.03
湖　北	0.01	1.30		1.59	0.18	79.27	87.70
湖　南	0.02	0.21		1.81	…	200.97	183.89
广　东	…	0.13		0.23	0.02	69.89	63.63
广　西	…	0.60	…	0.13	0.10	69.62	73.98
海　南		0.02		0.01		19.45	18.20
重　庆		0.49	0.01		0.01	83.31	83.31
四　川		0.20	0.62	1.16	0.01	56.05	62.82
贵　州	…	0.17	…	0.01	0.05	39.11	28.13
云　南		0.01	…	…	…	22.13	18.12
西　藏					0.01	0.25	0.10
陕　西	…	0.01	0.01	0.73	1.09	32.69	29.99
甘　肃				2.30	3.00	12.90	10.43
青　海				1.15	0.18	0.36	0.20
宁　夏	0.49	0.11		0.20	0.53	2.76	3.47
新　疆	0.01	0.08		3.92	7.74	6.32	5.55

各地区主要农业机械拥有量情况（四）

地　区	种植业机械						
	节水灌溉类机械（万套）	机动喷雾（粉）机（万台）	茶叶修剪机（万台）	联合收获机（万台）	割晒机（万台）	其他收获机械（万台）	机动脱粒机（万台）
全国总计	**137.56**	**395.91**	**10.01**	**85.84**	**48.93**	**83.44**	**987.94**
北　京	1.11	2.28		0.18		0.28	0.53
天　津	0.27	0.85		0.35	0.03	0.37	1.92
河　北	3.93	45.09		7.30	3.98	10.56	21.69
山　西	0.97	3.44		1.04	0.87	1.86	5.20
内蒙古	4.70	4.82		0.63	3.45	9.29	8.44
辽　宁	10.53	7.60		0.39	0.27	2.78	11.70
吉　林	2.80	1.06		0.90	0.70	0.32	15.00
黑龙江	2.40	8.50		3.55	2.10	8.74	16.36
上　海	0.54	1.83		0.20		0.01	1.05
江　苏	3.15	53.50	0.15	9.10	0.48	6.28	38.00
浙　江	2.27	15.56	1.34	1.72	0.02	0.88	121.55
安　徽	18.66	29.18	1.30	9.13	12.42	1.60	39.43
福　建	1.06	19.02	3.31	0.39	0.25	1.14	8.79
江　西	3.82	13.05	0.21	3.83	0.05	0.26	89.67
山　东	46.64	40.35	0.09	15.83	7.36	11.98	43.32
河　南	14.03	24.22	0.26	12.43	8.44	11.64	56.15
湖　北	2.21	38.40	1.83	4.19	1.43	2.09	15.37
湖　南	0.58	20.40	0.17	5.95	0.11	0.76	123.57
广　东	7.52	14.54	0.10	1.61	0.05	0.58	56.32
广　西	2.90	7.39	0.18	1.31	1.43	0.27	75.25
海　南	0.20	1.75		0.27	0.13		3.38
重　庆	0.10	3.37	0.10	0.22	0.08	0.40	56.76
四　川	1.48	14.57	0.44	1.00	0.63	1.09	103.28
贵　州	0.93	2.66	0.10	0.06	0.14	1.08	10.86
云　南	0.26	4.60	0.29	0.30	0.08	0.01	24.31
西　藏		0.07		0.37	0.89	0.42	3.53
陕　西	0.77	8.67	0.13	2.14	0.31	2.47	18.06
甘　肃	0.87	2.43		0.29	1.31	1.25	10.77
青　海	0.01	0.26		0.11	0.16	0.15	1.75
宁　夏	0.43	0.30		0.50	0.02	0.22	1.46
新　疆	2.42	6.16		0.54	1.73	4.64	4.48

各地区主要农业机械拥有量情况（五）

地区	种植业机械				四、农产品初加工机械		
	谷物烘干机	种子加工机械	保鲜储藏设备	温室	初加工动力机械		初加工作业机械
	（万台）	（万台）	（万台/套）	（万平方米）	（万台）	（万千瓦）	（万台）
全国总计	**4.33**	**2.61**	**2.74**	**976 631.98**	**1 296.64**	**8 066.05**	**1 157.83**
北京	0.01		0.01	16 479.11	0.88	6.76	0.90
天津			0.01	14 482.02	2.42	9.26	0.86
河北	0.01	0.10	0.08	149 766.74	98.72	869.79	49.98
山西	0.01	0.02	0.07	26 998.00	19.87	166.06	13.32
内蒙古	0.02	0.33		28 446.15	9.53	84.60	6.25
辽宁	0.03	0.01	0.08	149 802.16	17.63	122.59	15.65
吉林	0.09	0.22		12 271.00	14.45	132.53	12.08
黑龙江	0.07	0.72		14 725.50	11.20	119.40	5.84
上海	0.01		…	6 828.05	0.44	3.93	0.44
江苏	0.08	0.03	0.23	74 760.00	24.81	228.58	20.53
浙江	0.59	0.07	0.25	35 714.67	20.70	137.56	38.25
安徽	0.12	0.01	0.13	6 208.30	41.24	324.25	45.05
福建	0.01		0.32	1 714.69	56.08	197.63	57.19
江西	0.09	0.07	0.04	4 810.50	51.57	521.16	38.70
山东	0.06	0.18	0.13	236 360.30	95.22	842.68	47.81
河南	0.06	0.06	0.24	34 892.00	78.57	566.42	47.79
湖北	0.07	0.05	0.35	23 517.20	82.23	394.76	87.56
湖南	0.09	…	0.01	3 686.78	113.16	616.23	111.21
广东	0.01	…	0.56	1 153.67	27.86	228.33	21.57
广西	…		…	268.19	77.40	432.33	70.34
海南			…	16 123.45	2.17	24.51	2.01
重庆	0.02	0.03	0.01	2 843.00	85.64	295.46	97.66
四川	0.01	…	0.02	12 507.33	125.99	538.45	155.13
贵州	0.71	…	…	183.08	105.24	448.85	103.88
云南	…	0.02	0.05	14 729.58	64.01	368.87	65.36
西藏		0.03		554.07			1.14
陕西	0.01	0.02	0.04	18 591.68	36.47	185.59	21.87
甘肃	0.01	0.50		23 757.27	24.00	101.27	13.31
青海	1.70	0.01		988.21	1.38	14.05	1.27
宁夏	0.22	0.02	…	18 245.34	2.58	26.26	2.08
新疆	0.20	0.11	0.10	25 223.94	5.18	57.90	2.80

各地区主要农业机械拥有量情况（六）

地区	畜牧养殖机械		渔业机械		林果业机械	
	（万台/套）	（万千瓦）	（万台）	（万千瓦）	（万台）	（万千瓦）
全国总计	**577.05**	**1 691.40**	**216.56**	**1 428.90**	**13.36**	**73.97**
北京	1.07	6.48	1.14	3.67	0.37	1.20
天津	0.58	4.74	3.54	8.96	0.01	0.31
河北	11.49	60.14	3.79	54.94	0.14	2.14
山西	5.80	24.74	0.07	0.45	0.08	0.07
内蒙古	20.74	119.25	0.10	0.61	0.16	1.31
辽宁	18.02	68.55	4.57	12.18	0.45	1.07
吉林	8.07	63.65	0.45	0.88	0.02	0.33
黑龙江	24.60	37.20	0.31	1.33	0.07	0.35
上海	0.18	2.18	2.11	22.72	0.06	0.14
江苏	9.71	60.96	22.62	119.83	0.36	2.65
浙江	5.43	18.74	15.64	433.87	1.39	3.67
安徽	6.82	32.95	4.86	21.68	0.94	3.25
福建	3.35	25.10	12.10	222.19	1.44	8.90
江西	5.88	47.15	6.56	29.21	1.08	12.26
山东	16.26	82.26	10.58	74.74	1.09	6.94
河南	20.34	54.71	2.22	8.18	0.14	0.93
湖北	34.17	68.73	26.28	45.09	0.21	2.46
湖南	22.67	86.79	9.64	33.18	0.91	5.19
广东	9.02	62.99	61.27	198.43	0.86	7.04
广西	32.01	65.07	5.82	79.52	0.24	0.83
海南	0.52	5.38	6.08	18.93	0.02	0.44
重庆	41.28	56.49	5.03	10.77	0.46	1.39
四川	56.27	112.80	9.00	15.48	0.32	3.34
贵州	40.47	129.37	0.21	3.77	0.44	3.45
云南	122.79	170.06	0.98	4.33	0.04	0.46
西藏	0.18	0.01				
陕西	25.32	89.10	0.56	1.77	0.32	1.46
甘肃	13.50	69.92	0.03	0.32		
青海	1.72	6.35				
宁夏	11.55	47.23	0.77	0.91	0.87	1.82
新疆	7.24	12.32	0.23	0.97	0.87	0.56

各地区主要农业机械拥有量情况（七）

地　区	运输机械			农田基本建设机械（万台）	其他机械	农业机械原值和净值	
	农用运输车（万台）	手扶变型运输机（万台）	农用挂车（万台）		农用飞机（架）	原值（亿元）	净值（亿元）
全国总计	**1 345.04**	**82.26**	**794.03**	**39.35**	**91.00**	**5 819.77**	**4 224.46**
北　京	6.84	0.08	1.04	0.11		23.73	14.25
天　津	13.42		0.37	0.40	3.00	33.33	23.85
河　北	263.15	0.13	91.35	3.02	2.00	486.19	345.33
山　西	94.36		6.67	1.46		152.97	113.58
内蒙古	39.81		61.40	2.37		242.79	178.35
辽　宁	48.30	0.42	17.73	1.26	12.00	123.00	91.00
吉　林	15.90	0.40	33.80	0.28		155.97	115.06
黑龙江	18.80	…	26.20	0.30	24.00	326.66	253.98
上　海	0.03		0.35	0.01			
江　苏	24.20	6.12	11.20	6.55	4.00	293.49	210.82
浙　江	8.30	7.30	0.58	2.32		233.44	155.81
安　徽	67.08	15.27	101.57	1.14		374.93	267.80
福　建	4.70	9.24	2.75	0.93		98.18	61.22
江　西	20.15	12.65	0.48	3.24		253.02	166.86
山　东	273.44	0.68	125.01	3.73	8.00	641.07	487.02
河　南	215.73	0.12	127.69	1.55		615.24	454.64
湖　北	23.02		79.08	2.24	9.00	235.04	176.58
湖　南	20.46	4.52	0.95	1.42		230.69	168.08
广　东	11.46	2.65	13.24	1.55		140.44	93.56
广　西	4.44	17.80	0.21	0.70		174.41	125.86
海　南	2.39	0.11		0.08		33.90	24.13
重　庆	5.30	2.31	0.08	0.34		66.93	46.76
四　川	10.41	0.79	7.96	0.52		191.08	133.39
贵　州	11.16	1.18	1.47	0.39		68.37	49.55
云　南	10.09	0.24	3.97	0.36		132.67	98.96
西　藏	1.74			0.01		16.93	11.26
陕　西	50.10	0.01	4.85	1.24		133.46	93.71
甘　肃	55.64	0.14	10.56	0.31		116.30	82.30
青　海	2.86		19.52	0.06		28.61	20.01
宁　夏	17.46	0.10	6.45	0.35		51.09	33.85
新　疆	4.30	0.00	37.50	1.11	29.00	145.84	126.89

九、农村能源

各地区农村能源管理推广机构情况

地　　区	机构（个）	省级	地、县级	乡级	人员（人）	省级	地、县级	乡级	#大专及以上人员
全国总计	**12 795**	**37**	**3 164**	**9 594**	**40 106**	**538**	**18 608**	**20 960**	**25 605**
北　　京	48	2	15	31	253	9	157	87	136
天　　津	9	1	8		56	3	53		34
河　　北	472	2	182	288	1 437	24	874	539	911
山　　西	576	1	119	456	1 351	32	745	574	907
内 蒙 古	415	1	96	318	2 082	43	957	1 082	1 186
辽　　宁	799	1	97	701	1 627	20	377	1 230	934
吉　　林	65	1	64		539	8	526	5	372
黑 龙 江	508	2	214	292	1 170	31	613	526	875
上　　海									
江　　苏	288	1	95	192	918	5	478	435	524
浙　　江	84	1	83		499	24	352	123	373
安　　徽	364	2	126	236	877	30	541	306	597
福　　建	314	1	78	235	689	13	317	359	459
江　　西	739	1	108	630	1 490	5	501	984	829
山　　东	730	1	158	571	2 354	6	894	1 454	1 708
河　　南	693	1	160	532	3 105	33	1 431	1 641	1 889
湖　　北	615	1	112	502	2 117	22	907	1 188	1 204
湖　　南	147	1	134	12	877	13	852	12	643
广　　东	659	1	118	540	1 464	16	457	991	924
广　　西	723	1	119	603	2 241	35	801	1 405	1 286
海　　南	90	1	22	67	480	12	171	297	262
重　　庆	362	1	37	324	844	8	273	563	639
四　　川	946	1	192	753	2 486	30	1 153	1 303	1 629
贵　　州	1 013	1	94	918	2 903	10	669	2 224	2 005
云　　南	961	2	157	802	2 898	17	937	1 944	1 515
西　　藏	62	1	61		236	5	231		230
陕　　西	328	2	110	216	1 964	8	1 170	786	1 084
甘　　肃	348	1	98	249	1 735	30	1 109	596	1 326
青　　海	23	1	22		223	5	218		195
宁　　夏	83	1	26	56	336	25	224	87	268
新　　疆	331	2	259	70	855	16	620	219	661

各地区农村能源经费投入情况（一）

单位：万元

地区	政府合计		中央投入	省级投入		地级投入	
	拨款	贷款		拨款	贷款	拨款	贷款
全国总计	**1 361 824**	**3 688**	**842 436**	**277 055**	**143**	**68 422**	**32**
北京	56 685		300	42 260			
天津	4 427		2 688	1 450			
河北	39 127		24 759	5 441		2 357	
山西	29 545	2	13 155	8 645		2 922	2
内蒙古	57 905	460	36 005	2 144		2 824	
辽宁	30 035	285	15 288	4 018		5 873	
吉林	8 616		7 000	1 129		1	
黑龙江	45 822		28 451	14 611		1 378	
上海							
江苏	54 615		15 946	25 799		2 795	
浙江	40 153		7 247	7 660		5 033	
安徽	31 810		21 380	6 163		300	
福建	20 800		12 089	5 574		898	
江西	28 887	110	22 050	3 998		509	
山东	58 323	472	18 472	14 052	143	9 051	30
河南	61 446	210	33 018	4 752		8 755	
湖北	56 002		26 060	25 000		2 364	
湖南	52 806		43 759	1 989		1 566	
广东	12 940		3 500	6 739		1 959	
广西	57 189		40 792	13 574		1 114	
海南	22 823		13 132	6 293		345	
重庆	29 478		26 000	1 119			
四川	210 195	23	168 212	25 000		6 683	
贵州	81 280	1 898	50 422	21 562		4 435	
云南	37 323	229	25 500	8 143		2 109	
西藏	19 364		15 500	2 984		440	
陕西	56 123		42 938	6 168		2 751	
甘肃	82 449		66 583	9 082		221	
青海	11 196		10 789	407			
宁夏	15 166		14 221			119	
新疆	49 294		37 180	1 300		1 620	

各地区农村能源经费投入情况（二）

单位：万元

地区	县级投入		乡级投入		用户自筹		其他投入
	拨款	贷款	拨款	贷款	资金	投劳折资	
全国总计	**155 669**	**2 463**	**18 243**	**1 050**	**1 082 805**	**387 131**	**51 953**
北京	12 649		1 476		2 028	1 060	446
天津	290				4 834		
河北	5 634		936		111 178	24 546	
山西	4 253		571		11 565	4 630	75
内蒙古	16 650	460	282		34 161	17 894	
辽宁	4 497		359	285	61 813	26 446	4 634
吉林	475		10		1 248	1 252	40
黑龙江	1 068		314		8 580	12 671	
上海							
江苏	9 786		289		33 518	6 321	35
浙江	16 955		3 258		23 052	4 406	8 862
安徽	3 765		202		13 523	6 862	
福建	1 819		420		18 283	3 856	15 408
江西	2 001		329	110	31 170	12 405	110
山东	15 129	299	1 621		58 325	11 004	99
河南	10 002		4 918	210	126 492	25 053	3 761
湖北	2 384		194		68 789	36 405	2 062
湖南	4 622		870		48 866	18 300	
广东	742				12 871	2 290	160
广西	1 658		50		42 819	16 741	709
海南	3 053				2 639		8 035
重庆	2 005		354		40 162	14 811	263
四川	9 893	23	407		111 940	30 689	2 938
贵州	4 701	1 486	161	412	39 196	18 462	2 033
云南	1 491	196	80	33	23 272	15 035	625
西藏	440				1 320	2 200	
陕西	4 220		46		32 586	9 381	111
甘肃	6 428		135		94 902	35 550	
青海	0					13 800	
宁夏	759		67		6 703	7 501	
新疆	8 299		895		16 971	7 559	1 548

各地区户用沼气池情况

地　区	年初数（万户）	本年新增（户）	本年报废（户）	年末累计（万户）	本年利用（万户）	年总产气量（万立方米）	年户均产气量（立方米）
全国总计	**3 051.8**	**5 193 012**	**640 733**	**3 507.0**	**3 230.2**	**1 240 770**	**384**
北　京	1.5	2 407	7 014	1.0	1.0	273	263
天　津	2.2	12 122	477	3.4	3.3	1 162	356
河　北	267.2	223 073	31 393	286.3	262.6	93 046	354
山　西	59.0	100 970	7 408	68.4	59.5	19 585	329
内蒙古	26.1	184 988	13 537	43.2	38.9	11 701	301
辽　宁	46.5	105 141	23 321	54.7	41.6	12 458	299
吉　林	8.2	37 031	1 775	11.7	10.1	2 857	282
黑龙江	26.6	22 745	4 830	28.4	19.9	4 821	242
上　海							
江　苏	50.9	107 057	35 765	58.0	48.4	14 193	293
浙　江	13.8	30 694	24 549	14.4	13.8	6 135	445
安　徽	56.4	123 655	17 362	67.1	59.0	20 654	350
福　建	40.4	60 000	43 610	42.0	40.6	21 558	532
江　西	144.5	100 165	22 192	152.3	136.6	49 699	364
山　东	142.0	510 397	49 547	188.1	168.9	61 234	362
河　南	293.2	463 339	36 091	335.9	307.7	115 313	375
湖　北	230.0	389 984	29 826	266.0	244.5	88 953	364
湖　南	189.4	153 987	24 376	202.4	185.5	79 504	429
广　东	41.2	33 500	59 807	38.5	38.5	17 814	462
广　西	321.6	215 497	18 050	341.3	311.8	119 326	383
海　南	26.4	47 839	172	31.2	31.2	22 453	720
重　庆	93.6	209 794	17 008	112.8	105.2	36 586	348
四　川	422.0	567 905	37 992	475.0	474.9	168 390	355
贵　州	149.7	237 370	21 463	171.2	156.3	79 679	510
云　南	215.6	348 344	24 645	248.0	239.3	113 600	475
西　藏	4.3	71 000	498	11.3	7.1	2 485	350
陕　西	82.7	185 944	36 260	97.6	88.2	32 299	366
甘　肃	45.4	380 084	11 004	82.3	75.7	26 571	351
青　海	9.6	66 999	4 272	15.9	11.3	3 910	346
宁　夏	17.7	54 450	8 813	22.2	16.1	4 833	300
新　疆	24.2	146 531	27 676	36.1	32.5	9 681	298

各地区沼气工程情况（一）

地区	合计（处）				处理工业废弃物工程			
	年初数	本年新增	本年报废	年末累计	年初数（处）	年末累计		
						数量（处）	总池容（万立方米）	年产气量（万立方米）
全国总计	**39 866**	**17 962**	**972**	**56 856**	**332**	**322**	**56.12**	**15 235.82**
北京	128	24	12	140				
天津	119	75	3	191	3	3	1.70	82.30
河北	1 321	196	43	1 474	9	9	3.07	721.14
山西	284	3	3	284				
内蒙古	26	29		55				
辽宁	300	445	10	735				
吉林	13	5		18				
黑龙江	191	48	6	233				
上海								
江苏	1 061	719	77	1 703	23	32	0.81	16.40
浙江	7 952	3 642	112	11 482	6	4	0.24	7.21
安徽	527	341	13	855	15	14	5.11	132.14
福建	5 093	692	245	5 540				
江西	1 982	1 509	59	3 432	15	13	0.28	12.23
山东	1 545	701	39	2 207	68	61	15.79	7 661.94
河南	3 485	824	37	4 272	22	22	11.25	2 693.75
湖北	476	960	36	1 400	4	5	1.47	510.54
湖南	8 053	2 499	76	10 476	6	3	0.17	18.25
广东	938	1 364	1	2 301	6	5	0.25	25.25
广西	1 399	899	9	2 289	44	47	5.01	1 332.20
海南	503	546		1 049	32	47	3.53	1 029.30
重庆	1 185	683	43	1 825	1			
四川	2 566	556	96	3 026	76	51	6.68	814.07
贵州	219	593	5	807	1			
云南	52	48	45	55		5	0.37	3.90
西藏								
陕西	146	402		548				
甘肃	91	73		164	1	1	0.40	175.20
青海		42		42				
宁夏	183	34		217				
新疆	28	10	2	36				

注：年末累计减年初数减本年新增为本年报废处。

各地区沼气工程情况（二）

地　　区	处理农业废弃物工程							
	年初数（处）	年末累计			大型沼气工程			
		数量（处）	总池容（万立方米）	年产气量（万立方米）	年初数（处）	年末累计		
						数量（处）	总池容（万立方米）	年产气量（万立方米）
全国总计	**39 534**	**56 534**	**659**	**76 492.27**	**2 776**	**3 717**	**285**	**45 217.27**
北　京	128	140	8	2 028.70	70	76	7	1 674.05
天　津	116	188	2	588.66	5	8		172.98
河　北	1 312	1 465	17	1 478.20	38	50	4	572.67
山　西	284	284	5	1 418.13	88	88	4	1 298.00
内蒙古	26	55	3	834.62	9	17	3	794.80
辽　宁	300	735	22	1 001.84	253	271	16	777.61
吉　林	13	18		13.68				
黑龙江	191	233	3	488.80	27	25	2	387.60
上　海								
江　苏	1 038	1 671	32	5 204.46	88	178	16	3 201.63
浙　江	7 946	11 478	110	8 028.65	292	248	18	1 502.86
安　徽	512	841	7	614.58	17	25	4	221.94
福　建	5 093	5 540	56	5 103.36	405	308	25	2 933.51
江　西	1 967	3 419	46	3 434.06	153	284	26	1 843.64
山　东	1 477	2 146	39	9 321.15	105	192	25	8 068.40
河　南	3 463	4 250	60	6 789.32	286	490	31	4 768.56
湖　北	472	1 395	14	2 103.30	22	85	5	1 183.68
湖　南	8 047	10 473	45	2 933.52	45	50	3	348.29
广　东	932	2 296	48	4 639.02	225	303	28	2 835.31
广　西	1 355	2 242	15	1 717.02	27	63	2	402.84
海　南	471	1 002	20	5 661.70	187	279	15	4 480.74
重　庆	1 184	1 825	19	1 025.48	53	121	8	410.49
四　川	2 490	2 975	62	8 441.11	326	415	32	4 974.16
贵　州	218	807	12	1 535.27	4	31	3	1 066.56
云　南	52	50	1	147.10	2	19	1	96.44
西　藏								
陕　西	146	548	5	365.39	3	5		21.20
甘　肃	90	163	4	849.47	5	34	3	636.74
青　海		42	1	102.33		2		59.13
宁　夏	183	217	2	283.97	29	30	1	164.25
新　疆	28	36	2	339.37	12	20	1	319.21

各地区沼气工程情况（三）

地区	处理农业废弃物工程							
	年初数（处）	中型沼气工程			小型沼气工程			
		数量（处）	总池容（万立方米）	年产气量（万立方米）	年初数（处）	年末累计		
						数量（处）	总池容（万立方米）	年产气量（万立方米）
全国总计	**12 867**	**18 853**	**237.74**	**21 761.18**	**23 891**	**33 964**	**136.20**	**9 513.81**
北京	41	58	1.33	338.93	17	6	0.06	15.72
天津	71	140	1.13	378.44	40	40	0.16	37.24
河北	742	863	9.47	718.88	532	552	3.00	186.65
山西	11	11	0.10	3.13	185	185	0.65	117.00
内蒙古	10	11	0.14	28.06	7	27	0.14	11.76
辽宁	33	147	5.49	204.92	14	317	0.84	19.31
吉林	0	5	0.10	9.00	13	13	0.05	4.68
黑龙江	6	5	0.14	13.56	158	203	1.02	87.64
上海								
江苏	529	1 136	13.11	1 793.90	421	357	2.30	208.93
浙江	4 146	6 811	77.85	5 739.83	3 508	4 419	14.42	785.95
安徽	171	221	0.85	217.56	324	595	2.92	175.08
福建	651	755	12.07	1 147.11	4 037	4 477	19.62	1 022.74
江西	440	735	9.27	774.11	1 374	2 400	10.20	816.31
山东	406	593	6.16	767.96	966	1 361	7.13	484.80
河南	1 500	1 766	22.28	1 497.43	1 677	1 994	6.50	523.33
湖北	135	183	3.60	538.43	315	1 127	5.30	381.19
湖南	1 072	1 634	14.62	1 110.52	6 930	8 789	27.42	1 474.72
广东	248	337	9.13	986.21	459	1 656	10.40	817.50
广西	421	556	6.76	695.47	907	1 623	5.78	618.71
海南	124	239	3.59	915.97	160	484	1.45	264.99
重庆	507	584	7.03	373.14	624	1 120	3.67	241.86
四川	1 375	1 546	26.18	2 771.52	789	1 014	4.29	695.43
贵州	82	216	3.60	215.88	132	560	5.37	252.84
云南	14	3	0.11	30.00	36	28	0.20	20.67
西藏								
陕西	72	177	2.06	255.70	71	366	2.05	88.49
甘肃	27	48	0.48	130.31	58	81	0.36	82.42
青海		40	0.60	43.20				
宁夏	29	29	0.44	47.63	125	158	0.79	72.09
新疆	4	4	0.09	14.40	12	12	0.12	5.76

各地区生活污水净化沼气池情况（一）

地区	合计						村级处理系统	
	年初数		本年新增		年末累计		年初数	
	池数（处）	总池容（万立方米）	池数（处）	总池容（万立方米）	池数（处）	总池容（万立方米）	池数（处）	总池容（万立方米）
全国总计	**163 719**	**785.25**	**24 813**	**96.14**	**186 945**	**851.39**	**28 165**	**92.34**
北　京	2	0.05					1	0.04
天　津	8	0.06			8	0.06	8	0.06
河　北	137	0.81	24	0.17	161	0.98	8	0.13
山　西	51	0.14	4		53	0.10		
内蒙古			5	0.23	5	0.23		
辽　宁	2	0.02					2	0.02
吉　林	2	0.03			2	0.03	2	0.03
黑龙江								
上　海	120	1.26						
江　苏	27 197	94.64	2 834	11.06	29 974	104.59	214	0.85
浙　江	45 417	170.64	16 573	28.96	61 840	195.31	25 273	74.91
安　徽	1 188	2.73	266	1.47	1 396	3.97	45	0.25
福　建	1 922	3.74	48	0.33	1 782	3.28	604	1.34
江　西	1 648	4.81	220	0.95	1 821	5.61	134	0.69
山　东	99	0.40	16	0.21	109	0.59	50	0.10
河　南	1 426	3.46	7	0.42	1 258	2.10	2	0.03
湖　北	1 082	5.47	77	0.63	1 154	6.09	40	0.33
湖　南	1 782	8.54	355	1.62	2 036	9.58	411	0.72
广　东	3 738	9.32			3 626	8.91	540	1.01
广　西	630	7.99	7	0.05	605	3.89	56	4.23
海　南	21	1.08	4	1.12	7	2.07	18	0.13
重　庆	16 586	104.34	824	10.48	17 284	112.22	344	1.69
四　川	58 725	360.15	3 321	37.19	61 933	387.32	144	3.59
贵　州	1 577	1.90	120	0.76	1 557	1.12	95	0.27
云　南	111	1.90	68	0.08	178	1.98	37	1.08
西　藏								
陕　西	233	1.73	18	0.22	119	1.09	134	0.85
甘　肃	15	0.06	22	0.20	37	0.26	3	0.01
青　海								
宁　夏								
新　疆								

注：年末累计减年初数减本年新增为本年报废处。

各地区生活污水净化沼气池情况（二）

地　区	村级处理系统				学校			
	本年新增		年末累计		年初数		本年新增	
	池数（处）	总池容（万立方米）	池数（处）	总池容（万立方米）	池数（处）	总池容（万立方米）	池数（处）	总池容（万立方米）
全国总计	**18 383**	**45.81**	**46 153**	**131.37**	**4 832**	**31.12**	**1 588**	**14.72**
北　京								
天　津			8	0.06				
河　北			8	0.13	94	0.44	24	0.17
山　西					2	0.04	4	
内蒙古							5	0.23
辽　宁								
吉　林			2	0.03				
黑龙江								
上　海								
江　苏	116	0.91	330	1.76	576	3.10	145	0.90
浙　江	16 529	28.20	41 772	102.59	377	3.83	44	0.76
安　徽	13	0.10	54	0.34	13	0.03	76	0.87
福　建	2	…	513	1.01	15	0.23	43	0.31
江　西	92	0.38	224	1.05	208	1.09	128	0.57
山　东			50	0.10	41	0.27	7	0.14
河　南			2	0.03	1 160	2.81	7	0.42
湖　北	1	0.01	41	0.34	511	3.45	76	0.62
湖　南	92	0.19	482	0.84	294	1.80	227	1.20
广　东			518	0.97	2	0.03		
广　西			42	0.12	370	3.43	6	0.05
海　南								
重　庆	281	5.55	599	6.60	414	4.53	147	2.47
四　川	1 189	10.38	1 321	13.85	668	5.48	489	4.83
贵　州			43	0.20	28	0.16	120	0.76
云　南	68	0.08	105	1.16	3			
西　藏								
陕　西			36	0.18	46	0.35	18	0.22
甘　肃			3	0.01	10	0.05	22	0.20
青　海								
宁　夏								
新　疆								

各地区生活污水净化沼气池情况（三）

地区	学校		其他公共场所					
	年末累计		年初数		本年新增		年末累计	
	池数（处）	总池容（万立方米）	池数（处）	总池容（万立方米）	池数（处）	总池容（万立方米）	池数（处）	总池容（万立方米）
全国总计	**6 237**	**43.41**	**130 722**	**661.79**	**4 842**	**35.61**	**134 555**	**676.61**
北京			1	0.01				
天津								
河北	118	0.61	35	0.24			35	0.24
山西	4	…	49	0.10			49	0.10
内蒙古	5	0.23						
辽宁								
吉林								
黑龙江								
上海			120	1.26				
江苏	718	3.87	26 407	90.68	2 573	9.26	28 926	98.96
浙江	387	4.14	19 767	91.90			19 681	88.58
安徽	86	0.89	1 130	2.46	177	0.49	1 256	2.75
福建	57	0.45	1 303	2.17	3	0.02	1 212	1.82
江西	332	1.62	1 306	3.04			1 265	2.94
山东	48	0.41	8	0.03	9	0.07	11	0.09
河南	1 076	1.79	264	0.62			180	0.28
湖北	582	4.05	531	1.69			531	1.69
湖南	510	2.94	1 077	6.02	36	0.23	1 044	5.80
广东	2	0.03	3 196	8.28			3 106	7.91
广西	358	3.44	204	0.33	1	…	205	0.33
海南			3	0.95	4	1.12	7	2.07
重庆	559	6.96	15 828	98.12	396	2.46	16 126	98.67
四川	1 152	10.26	57 913	351.08	1 643	21.98	59 460	363.21
贵州	148	0.92	1 454	1.47			1 366	…
云南	2	0.01	71	0.81			71	0.81
西藏								
陕西	61	0.54	53	0.52			22	…
甘肃	32	0.25	2	…			2	…
青海								
宁夏								
新疆								

各地区省柴节煤灶及节能炕情况

地区	省柴节煤灶（万台）			节能炕（万铺）		
	年初数	本年新增	年末累计	年初数	本年新增	年末累计
全国总计	**14 647.61**	**354.57**	**14 042.04**	**2 049.70**	**41.07**	**2 043.30**
北　京	9.57	1.68	11.25	46.28		44.66
天　津	43.14	1.41	41.38			
河　北	571.49	11.88	558.12	145.65	5.31	146.57
山　西	52.54	0.89	43.88	33.77	0.76	30.59
内蒙古	207.97	4.25	182.41	47.13	1.05	43.99
辽　宁	544.70	8.42	509.09	506.30	10.30	509.31
吉　林	266.54	2.12	265.25	291.25	2.59	291.06
黑龙江	198.62	7.07	203.42	313.18	7.09	317.97
上　海						
江　苏	1 104.39	5.90	1 052.09			
浙　江	643.20	5.36	608.61			
安　徽	939.37	24.33	835.60			
福　建	324.30	1.20	194.14			
江　西	525.68	12.19	517.26	0.02		
山　东	1 120.15	17.95	1 100.13	361.15	2.49	358.16
河　南	1 436.54	61.22	1 386.08			
湖　北	811.83	45.10	788.96			
湖　南	940.75	11.03	818.92			
广　东	740.65	8.56	738.58	8.74		
广　西	729.69	30.61	744.57			
海　南	87.53	0.41	87.77			
重　庆	367.85	6.40	372.22			
四　川	1 144.22	31.28	1 153.47			
贵　州	377.43	7.47	372.16			
云　南	594.05	18.14	594.25			
西　藏						
陕　西	204.25	20.55	212.79	71.22	6.98	76.83
甘　肃	385.53	8.09	375.42	201.10	3.74	200.12
青　海	81.50		81.50			
宁　夏	46.86	0.83	47.40	19.64	0.77	19.75
新　疆	147.27	0.25	145.31	4.27		4.27

注：年末累计减年初数减本年新增为本年报废处。

各地区节能炉及燃池情况

地区	节能炉（万台）			燃池（万个）		
	年初数	本年新增	年末累计	年初数	本年新增	年末累计
全国总计	**3 341.98**	**140.68**	**3 268.42**	**17.54**	**3.43**	**17.50**
北京	20.21		6.00			
天津	48.41	0.54	42.76			
河北	667.07	16.58	656.09	3.29	1.63	4.30
山西	82.03	0.81	73.67			
内蒙古	7.92	3.07	10.19	0.19	0.04	0.22
辽宁	1.24	0.04	0.08	0.10	1.21	1.31
吉林	112.26	1.48	109.83			
黑龙江	57.28	5.84	63.11	11.21	0.56	11.67
上海						
江苏	60.39	2.54	58.76			
浙江	8.94	3.12	11.89	2.75		
安徽	133.42	11.60	129.96			
福建						
江西	113.98	4.49	109.49			
山东	660.59	15.56	664.60			
河南	149.12	8.18	153.25			
湖北	139.27	13.26	130.35			
湖南	403.54	21.70	373.43			
广东	0.05	0.02	0.06			
广西	1.57	0.83	2.39			
海南						
重庆	78.73	2.25	78.66			
四川	260.55	6.38	257.81			
贵州	79.86	4.62	83.23			
云南	5.47		4.66			
西藏						
陕西	101.97	4.98	93.94			
甘肃	146.35	9.93	149.59			
青海		1.13	1.13			
宁夏	1.76	0.03	1.79			
新疆		1.70	1.70			

注：年末累计减年初数减本年新增为本年报废处。

各地区太阳能利用情况（一）

地区	太阳热水器（万平方米）			太阳灶（台）		
	年初数	本年新增	年末累计	年初数	本年新增	年末累计
全国总计	**4 764**	**624**	**4 997**	**1 356 755**	**235 151**	**1 484 271**
北京	67	3	66	3 043		2 318
天津	30	3	33	1 700		
河北	492	42	514	6 373	914	6 805
山西	402	5	407	2 115	1 542	3 632
内蒙古	40	5	37	19 374	11 547	30 035
辽宁	121	8	117	1 109	211	952
吉林	21	9	31	490	171	630
黑龙江	39	10	48	396	20	401
上海						
江苏	435	96	527	15		15
浙江	361	58	409			
安徽	308	77	373			
福建	35	1	36			
江西	62	20	81			
山东	725	93	797	14 456	1 256	15 434
河南	213	69	279	30	2	20
湖北	163	29	191			
湖南	97	11	107	5		4
广东	5	3	8	24		19
广西	30	7	36			
海南	393	…	393			
重庆	3	4	7			
四川	40	10	49	125 128	5 071	130 087
贵州	290	20	32			
云南	173	12	184		384	264
西藏				5 864	7 301	13 165
陕西	97	16	104	11 313	4 134	15 363
甘肃	55	8	60	757 764	112 711	780 341
青海	2		2	204 366	18 900	221 019
宁夏	21	3	23	201 028	69 896	260 840
新疆	44	3	47	2 162	1 091	2 927

注：年末累计减年初数减本年新增为本年报废处。

各地区太阳能利用情况（二）

地区	太阳房（万平方米）			户用太阳房（万平方米）			太阳能校舍（万平方米）		
	年初数	本年新增	年末累计	年初数	本年新增	年末累计	年初数	本年新增	年末累计
全国总计	**1 663**	**185**	**1 734**	**1 590**	**164**	**1 651**	**60**	**12**	**72**
北京	25	5	31	25	1	26	…		…
天津	2		1	1	…	…	1		1
河北	161	11	155	155	7	145	6	3	9
山西	…		…	…		…			
内蒙古	163	3	133	163	3	133	…		…
辽宁	493	22	513	461	20	479	32	2	34
吉林	255	27	281	255	24	277	…	3	4
黑龙江	245	60	302	238	60	295	8	0	7
上海									
江苏	5	1	6	5	…	5			
浙江									
安徽	…			…					
福建									
江西									
山东	17	1	13	15	1	11	2	…	3
河南	2		2	1		1	1		1
湖北	…			…					
湖南									
广东	1		1	1		1			
广西	…		…				…		…
海南									
重庆									
四川	1	…	1	1		1	…	…	…
贵州									
云南									
西藏									
陕西	13		5	13		5			
甘肃	212	56	222	195	49	210	4	3	7
青海	43		43	43		43			
宁夏	15		15	9		9	7		7
新疆	9		9	9		9			

各地区秸秆优质化能源利用情况（一）

单位：处、户

地区	秸秆热解气化集中供气					秸秆沼气集中供气				
	年初数	本年新增	年末累计	运行数量数	供气户数	年初数	本年新增	年末累计	运行数量数	供气户数
全国总计	**870**	**154**	**888**	**567**	**199 810**	**150**	**106**	**178**	**159**	**11 783**
北京	97	22	119	103	37 699	4		2	2	100
天津	56	1	55	43	23 056	2		2	2	600
河北	40	1	34	17	7 100	5	4	6	4	3 186
山西	60	46	96	96	33 595		4	4	4	800
内蒙古	2		2	1	200		1	1		
辽宁	317	7	297	86	37 299	24	1	1		
吉林	9	6	15	8	1 600					
黑龙江	53	2	44	19	6 246		4	4	1	250
上海										
江苏	72	60	121	111	34 885	3	10	10	6	1 300
浙江	4		1	1	450	3	10	13	13	551
安徽	11	1	11	11	3 170		3	3	3	6
福建										
江西						33	22	48	47	1 078
山东	89	2	62	51	8 430	3	7	9	9	1 580
河南	25		5	5	450	30	17	44	41	780
湖北	2	5	7	7	3 830	1				
湖南						4				
广东							1	1	1	320
广西	3		1	1	104	16	1	3	3	352
海南										
重庆	1		1							
四川	10		4	4	610	2		1	1	200
贵州						20		6	6	600
云南	5	1	6	1	780					
西藏										
陕西	1									
甘肃	5		5	2	306					
青海										
宁夏	4						21	20	16	80
新疆	4		2							

注：年末累计减年初数减本年新增为本年报废处。

各地区秸秆优质化能源利用情况（二）

单位：处、吨

地区	秸秆固化成型				秸秆炭化			
	年初数	本年新增	年末累计	年产量	年初数	本年新增	年末累计	年产量
全国总计	**103**	**172**	**259**	**765 559**	**52**	**17**	**40**	**43 837**
北京	16	5	21	154 900	1		1	30 000
天津	2		1	200	1		1	30
河北	11	49	59	50 816	2	1	3	2 180
山西	0	18	18	9 000				
内蒙古								
辽宁	17	12	28	145 400	3			
吉林	1	1	2	1 000				
黑龙江	23	13	36	101 650	2		2	
上海								
江苏	1	33	33	85 800	3		2	2 500
浙江	3	4	7	2 800	17	1	5	950
安徽	4	6	10	19 640	3	2	4	1 300
福建								
江西					1			
山东	14	27	39	193 973	2	1	3	5 000
河南	3				1			
湖北		2	2	100		9	9	1 320
湖南	2				2	2	2	20
广东								
广西								
海南								
重庆								
四川	4				1			
贵州								
云南	1	2	3	280	4	1	4	532
西藏								
陕西	1				9		4	5
甘肃								
青海								
宁夏								
新疆								

各地区小型电源利用情况（一）

单位：台、千瓦

地区	小型光伏发电					
	年初数		本年新增		年末累计	
	数量	装机容量	数量	装机容量	数量	装机容量
全国总计	**227 861**	**6 930**	**27 851**	**1 333**	**250 599**	**8 200**
北京	135 253	5 063	23 973	684	159 226	5 746
天津						
河北	7 868	569	2 846	139	10 694	708
山西						
内蒙古	26 655	20	461	235	22 116	255
辽宁	96	50	65	6	106	8
吉林	43	2			43	2
黑龙江	756	23	122	2	878	25
上海						
江苏						
浙江	69	34	98	40	164	72
安徽	53	28	9	8	62	36
福建						
江西			3	60	3	60
山东	462	21			461	21
河南	117	2	1	1	118	3
湖北			24	1	24	1
湖南	48	14	21	35	69	49
广东	4	10			4	10
广西						
海南	7	23	25	30	32	53
重庆						
四川	819	15			819	15
贵州						
云南	234	29	3	90	237	119
西藏						
陕西						
甘肃	7 517	249	200	3	7 683	239
青海	45 503	725			45 503	725
宁夏	3	2			3	2
新疆	2 354	51			2 354	51

注：年末累计减年初数减本年新增为本年报废处。

各地区小型电源利用情况（二）

单位：台、千瓦

地区	小型风力发电					
	年初数		本年新增		年末累计	
	数量	装机容量	数量	装机容量	数量	装机容量
全国总计	**113 676**	**31 852**	**2 556**	**2 211**	**111 436**	**32 061**
北京	10	10			10	10
天津						
河北	264	69	11	6	273	74
山西	5	10	4	8	4	8
内蒙古	86 687	21 628	1 459	1 411	86 624	22 406
辽宁	164	227	10	50	88	267
吉林	297	32			293	32
黑龙江	1 786	665	188	278	1 972	942
上海						
江苏	4 522	2 460	442	36	4 213	2 441
浙江	111	56			72	36
安徽	2 261	258	58	11	833	164
福建	383	546			383	546
江西	28	25			28	25
山东	2 382	656	244	328	2 513	862
河南	101	16			100	15
湖北	1 440	270			1 440	270
湖南	15	2	5	1	14	2
广东	41	53	9	46	50	99
广西	1 205	432	3	1	1 161	232
海南	75	869			50	60
重庆						
四川						
贵州	63	7			63	7
云南	114	88			110	87
西藏						
陕西	595	13			80	9
甘肃	1 902	535			1 766	518
青海	1 308	131			1 308	131
宁夏	2 125	255			2 105	252
新疆	5 792	2 540	123	37	5 883	2 567

各地区小型电源利用情况（三）

单位：台、千瓦

地区	微型水力发电					
	年初数		本年新增		年末累计	
	数量	装机容量	数量	装机容量	数量	装机容量
全国总计	**54 915**	**184 254**	**482**	**2 062**	**47 225**	**137 365**
北京						
天津						
河北						
山西	10	83			4	28
内蒙古						
辽宁						
吉林						
黑龙江						
上海						
江苏	6	2			6	2
浙江	219	267			214	260
安徽	50	178			50	178
福建	530	6 894			530	6 894
江西	9 288	15 668	285	658	8 295	15 407
山东	11	67			11	67
河南	81	7 776	4	200	67	7 943
湖北	93	457			52	258
湖南	3 351	6 407	24	480	2 579	5 399
广东	2 673	22 137	6	65	2 667	21 365
广西	23 397	36 059	3	210	17 759	30 330
海南	14	136			14	136
重庆	86	362	5	38	90	397
四川	2 881	8 380			2 862	8 337
贵州	3 039	6 023			3 039	6 023
云南	8 571	18 138	140	181	8 379	18 022
西藏						
陕西	122	7 138			102	5 887
甘肃	196	39 301	15	230	208	1 649
青海	290	8 780			290	8 780
宁夏						
新疆	7	3			7	3

十、农村经济收益分配

全国农村经济收益分配（一）

单位：亿元

项 目	金 额	占总体（%）	比上年增减（%）
一、农村经济总收入	**281 187**	**100.0**	**8.4**
出售产品收入	164 568	58.5	6.4
（一）按经营形式划分			
1. 乡（镇）办企业收入	70 468	25.1	-2.1
2. 村组集体经营收入	18 355	6.5	-11.2
其中：村办企业收入	11 278	61.4	-11.2
3. 农民家庭经营收入	134 177	47.7	18.7
4. 农民专业合作社经营收入	1 843	0.7	
5. 其他经营方式收入	56 345	20.0	9.1
（二）按行业划分			
1. 农业收入	26 908	9.6	12.5
（1）种植业收入	24 733	8.8	12.4
其中：出售种植业产品收入	14 796	5.3	13.8
（2）其他农业收入	2 174	0.8	14.1
2. 林业收入	1 889	0.7	12.9
其中：出售林业产品收入	1 197	0.4	14.2
3. 牧业收入	12 507	4.4	9.1
其中：出售牧业产品收入	8 765	3.1	10.2
4. 渔业收入	3 385	1.2	13.2
其中：出售渔业产品收入	2 561	0.9	11.8
5. 工业收入	169 356	60.2	6.9
6. 建筑业收入	16 583	5.9	13.7

全国农村经济收益分配（二）

单位：亿元

项　　目	金　额	占总体（%）	比上年增减（%）
7. 运输业收入	9 808	3. 5	7. 8
8. 商饮业收入	23 425	8. 3	7. 1
9. 服务业收入	9 016	3. 2	9. 2
10. 其他收入	8 311	3. 0	16. 1
二、总费用	**227 858**	**81. 0**	**8. 4**
其中：（一）生产费	180 537	64. 2	5. 4
（二）管理费用	21 159	7. 5	18. 9
三、净收入	**53 329**	**19. 0**	**8. 5**
四、投资收益	**494**		**11. 7**
五、农民外出劳务收入	11 660		19. 8
六、可分配净收入总额	65 484		10. 4
（一）国家税金	6 389	9. 7	4. 2
（二）上交国家有关部门	708	1. 1	10. 7
（三）外来投资分利	1 286	2. 0	20. 0
（四）外来人员带走劳务收入	3 530	5. 4	10. 8
（五）企业各项留利	6 836	10. 4	27. 9
（六）乡村集体所得	1 094	1. 7	3. 2
（七）农民经营所得	45 640	69. 7	8. 9
七、农民从集体再分配收入	**1 178**		**17. 2**
八．农民所得总额	**46 962**		**9. 3**
农民人均所得（元）	5 051		8. 4
九、从集体外获转移性收入	**2 173**		**16. 0**

各地区农村经济收益分配（一）

单位：万元

地　区	农村经济总收入	出售产品收入	按经营形式划分：乡（镇）办企业	按经营形式划分：村组集体经营	按经营形式划分：村办企业
全国总计	**2 811 871 599**	**1 645 679 617**	**704 678 208**	**183 550 011**	**112 782 951**
北　京	39 151 458	16 778 423	8 786 720	4 477 131	3 295 207
天　津	35 518 277	17 017 744	3 182 202	3 705 633	2 557 035
河　北	164 007 353	82 703 393	17 923 361	7 248 790	1 924 167
山　西	44 352 206	18 854 229	6 381 514	3 553 634	1 757 963
内蒙古	12 319 988	6 788 313	304 579	239 028	96 187
辽　宁	103 349 251	41 555 062	13 292 821	7 994 453	4 923 721
吉　林	19 055 280	11 855 133	2 489 029	544 325	191 723
黑龙江	24 643 739	12 722 574	3 685 315	1 213 234	530 881
上　海	135 452 686	84 789 157	43 330 364	9 221 723	7 897 117
江　苏	573 681 579	394 901 503	210 403 010	54 390 303	39 817 987
浙　江	487 432 475	361 231 473	130 706 471	9 322 199	6 240 264
安　徽	51 518 815	28 500 699	9 448 079	1 676 910	805 595
福　建	68 395 679	36 166 899	9 499 972	3 172 665	652 448
江　西	23 708 259	10 897 242	2 963 073	1 278 446	490 642
山　东	314 547 100	155 656 209	81 066 616	33 719 674	19 581 967
河　南	104 985 772	52 240 431	5 530 962	5 601 591	1 568 184
湖　北	56 355 332	27 065 859	12 164 014	2 882 743	1 176 889
湖　南	52 591 482	23 519 238	12 426 361	1 920 211	917 546
广　东	244 307 083	144 367 051	83 728 820	16 947 422	10 363 900
广　西	31 511 138	16 625 687	4 069 147	284 138	73 762
海　南	3 814 886	1 827 232	193 309	26 684	1 429
重　庆	43 207 128	22 374 737	16 501 155	2 215 892	934 333
四　川	65 038 831	30 609 641	13 276 174	1 761 892	604 508
贵　州	17 417 649	6 029 155	1 901 681	450 904	98 257
云　南	37 753 931	15 317 562	5 137 189	5 567 885	3 531 662
西　藏					
陕　西	29 782 602	10 559 372	3 321 859	3 480 159	2 405 600
甘　肃	11 090 346	4 855 626	1 366 359	376 521	233 761
青　海	1 739 618	636 312	9 677	25 105	16 212
宁　夏	4 204 087	2 094 865	396 350	152 539	86 696
新　疆	10 937 571	7 138 797	1 192 028	98 177	7 311

各地区农村经济收益分配（二）

单位：万元

地区	按经营形式划分			按行业划分		
	农民家庭经营收入	农民专业合作社经营收入	其他经营方式收入	农业收入	种植业	出售产品
全国总计	**1 341 766 319**	**18 426 596**	**563 450 465**	**269 077 762**	**247 333 756**	**147 962 702**
北　京	25 080 563	313 437	493 607	1 017 202	1 017 202	555 961
天　津	21 123 429	330 038	7 176 975	1 563 743	1 395 947	799 528
河　北	110 672 027	1 569 435	26 593 741	22 204 407	20 524 898	11 070 524
山　西	28 532 474	323 279	5 561 305	5 088 440	4 823 993	2 554 661
内蒙古	11 073 923	119 078	583 382	4 989 940	4 831 844	3 370 842
辽　宁	65 839 947	743 323	15 478 707	10 037 537	9 188 203	5 859 776
吉　林	15 108 899	271 671	641 355	6 656 546	6 301 020	4 683 844
黑龙江	17 652 077	161 965	1 931 148	8 795 604	8 483 014	6 056 620
上　海	3 702 411	409 359	78 788 830	780 058	705 553	492 119
江　苏	189 214 318	2 730 380	116 943 568	14 696 568	13 703 711	9 157 106
浙　江	221 294 320	2 608 395	123 501 090	8 703 544	7 949 087	5 199 129
安　徽	33 248 775	896 589	6 248 461	13 373 611	12 128 181	7 642 211
福　建	38 332 275	267 227	17 123 539	6 361 256	5 458 824	3 282 588
江　西	16 249 743	538 314	2 678 682	6 546 000	5 814 637	3 200 707
山　东	160 379 235	1 644 948	37 736 628	38 067 160	35 145 758	21 969 948
河　南	79 451 345	1 052 660	13 349 215	23 302 242	21 549 567	11 583 729
湖　北	34 182 958	902 312	6 223 305	13 207 080	11 842 520	7 182 208
湖　南	29 791 068	1 064 200	7 389 643	10 697 277	9 334 217	4 793 250
广　东	74 386 052	361 306	68 883 483	13 798 948	12 273 742	8 046 185
广　西	23 909 057	221 024	3 027 772	9 387 509	8 742 072	5 666 021
海　南	3 327 497	67 758	199 638	1 340 360	1 206 767	783 934
重　庆	13 802 882	271 440	10 415 759	4 464 031	4 169 717	1 925 194
四　川	44 225 592	848 488	4 926 686	14 270 467	13 139 587	6 397 245
贵　州	13 116 651	129 701	1 818 713	5 183 521	4 698 414	2 109 315
云　南	24 648 714	66 054	2 334 089	6 959 092	6 576 521	3 948 120
西　藏						
陕　西	20 536 685	245 013	2 198 887	7 246 306	6 527 493	3 419 428
甘　肃	8 441 805	182 293	723 369	3 835 765	3 522 545	1 927 939
青　海	1 568 403	17 360	119 073	472 820	418 888	188 153
宁　夏	3 454 897	40 761	159 539	1 011 444	953 511	591 034
新　疆	9 418 300	28 789	200 277	5 019 287	4 906 325	3 505 383

各地区农村经济收益分配（三）

单位：万元

地区	按行业划分				
	农业	林业		牧业	
	其他农业收入		出售产品		出售产品
全国总计	**21 744 006**	**18 889 213**	**11 967 145**	**125 069 326**	**87 647 397**
北京		166 716	146 070	1 087 187	1 032 827
天津	167 796	92 872	60 967	772 100	563 099
河北	1 679 509	949 177	493 316	6 236 123	3 706 777
山西	264 447	307 837	155 609	2 263 446	1 344 590
内蒙古	158 097	153 111	96 663	2 849 500	2 087 338
辽宁	849 334	421 347	215 690	5 544 157	3 657 166
吉林	355 527	173 950	107 402	3 320 743	2 345 295
黑龙江	312 590	113 763	62 673	3 655 561	2 537 867
上海	74 504	59 558	40 751	266 490	221 376
江苏	992 857	1 162 859	855 935	8 239 300	7 256 611
浙江	754 458	1 164 860	914 380	4 225 350	3 675 994
安徽	1 245 430	981 536	673 706	4 232 224	3 027 564
福建	902 432	716 198	488 572	2 666 244	1 986 093
江西	731 363	565 463	336 967	2 045 628	1 426 465
山东	2 921 402	2 518 060	1 462 494	16 295 745	11 316 013
河南	1 752 675	1 780 024	967 627	8 450 796	5 521 532
湖北	1 364 560	631 386	356 461	4 961 314	3 109 992
湖南	1 363 060	1 034 782	622 615	5 162 592	3 410 216
广东	1 525 206	1 011 648	707 167	6 184 334	4 680 475
广西	645 437	1 097 987	801 665	4 928 093	3 940 717
海南	133 593	233 298	172 904	431 402	325 275
重庆	294 314	303 657	186 790	3 679 468	2 447 351
四川	1 130 880	991 845	606 654	12 730 542	8 669 564
贵州	485 107	317 944	189 643	3 092 052	1 953 802
云南	382 570	733 419	511 319	4 362 092	2 771 270
西藏					
陕西	718 813	445 334	218 540	2 418 026	1 355 472
甘肃	313 221	233 099	121 355	1 263 967	813 344
青海	53 932	10 315	3 868	627 278	341 700
宁夏	57 933	61 612	46 180	573 509	399 285
新疆	112 962	455 554	343 162	2 504 066	1 722 328

各地区农村经济收益分配（四）

单位：万元

地　　区	按行业划分				
	渔　业	出售产品	工　业	建筑业	运输业
全国总计	**33 852 131**	**25 609 432**	**1 693 556 008**	**165 834 095**	**98 083 122**
北　　京	94 745	92 850	13 485 590	4 320 858	2 350 609
天　　津	342 701	273 783	21 917 267	1 862 823	2 646 312
河　　北	575 105	410 442	94 410 334	8 057 924	9 171 203
山　　西	10 195	5 374	22 425 543	2 434 480	4 844 328
内 蒙 古	11 683	7 513	1 198 623	814 101	886 952
辽　　宁	2 357 797	1 476 615	56 666 626	6 563 886	6 239 696
吉　　林	82 117	57 489	3 941 574	1 173 923	1 216 570
黑 龙 江	111 239	80 452	6 500 511	1 199 487	1 111 181
上　　海	246 242	207 999	68 924 547	8 370 373	1 412 989
江　　苏	4 988 364	4 077 714	437 606 628	29 630 518	10 328 854
浙　　江	3 106 120	2 774 334	394 299 208	20 956 846	5 523 173
安　　徽	1 073 989	776 471	18 211 622	4 527 918	2 818 492
福　　建	2 750 560	2 030 639	39 293 434	3 878 255	3 290 761
江　　西	518 884	357 436	7 695 468	1 702 826	1 198 093
山　　东	6 040 300	4 193 465	177 374 606	23 489 885	13 886 526
河　　南	383 857	246 053	48 173 711	6 881 477	5 019 510
湖　　北	1 893 921	1 322 775	19 610 736	5 041 586	2 884 542
湖　　南	1 011 825	688 577	19 529 027	5 813 148	2 826 525
广　　东	5 023 065	4 042 238	164 900 825	9 906 778	5 734 517
广　　西	1 149 375	972 874	7 648 807	1 561 467	1 806 978
海　　南	590 513	441 416	372 613	151 895	207 374
重　　庆	299 326	223 277	21 725 024	4 254 500	1 406 511
四　　川	807 209	575 866	20 162 719	4 887 559	3 299 146
贵　　州	92 572	58 090	3 901 964	1 011 504	1 192 984
云　　南	203 011	149 570	10 466 645	2 841 395	2 730 983
西　　藏					
陕　　西	40 222	25 702	8 500 299	2 605 217	2 207 646
甘　　肃	6 738	5 229	2 045 671	1 170 060	906 268
青　　海	236	66	123 609	90 528	112 149
宁　　夏	19 436	16 268	1 048 231	406 810	389 404
新　　疆	20 785	18 858	1 394 545	226 069	432 849

各地区农村经济收益分配（五）

单位：万元

地区	按行业划分			总费用	
	商饮业收入	服务业收入	其他收入		生产费
全国总计	**234 246 065**	**90 158 741**	**83 105 136**	**2 278 582 878**	**1 805 365 017**
北　京	8 920 691	5 754 629	1 953 233	34 303 753	31 226 383
天　津	3 713 464	1 218 294	1 388 701	30 040 376	24 560 573
河　北	14 329 052	3 966 818	4 107 209	134 888 553	91 409 826
山　西	3 796 367	1 590 544	1 591 027	31 158 221	27 905 174
内蒙古	638 118	410 870	367 090	6 730 090	5 142 091
辽　宁	9 641 321	2 341 465	3 535 419	85 020 919	60 986 380
吉　林	1 220 948	632 323	636 585	12 485 773	10 261 567
黑龙江	1 815 072	716 401	624 922	16 462 170	13 689 116
上　海	39 502 415	4 566 783	11 323 233	119 786 588	93 361 329
江　苏	36 382 618	21 576 396	9 069 473	498 054 878	401 397 006
浙　江	29 811 985	12 600 461	7 040 927	423 365 978	374 103 768
安　徽	3 221 275	1 535 305	1 542 843	34 420 168	27 143 694
福　建	5 051 476	1 804 267	2 583 229	50 688 173	39 713 316
江　西	1 635 130	645 279	1 155 488	14 109 832	10 563 160
山　东	20 075 845	9 048 073	7 750 899	255 533 902	195 010 666
河　南	5 653 173	2 500 579	2 840 404	70 786 218	52 040 793
湖　北	3 770 979	1 700 808	2 652 979	41 199 908	31 194 162
湖　南	2 943 076	1 520 067	2 053 164	35 888 605	27 843 729
广　东	17 671 405	8 031 706	12 043 857	197 890 362	152 570 576
广　西	2 125 210	920 377	885 336	18 717 075	14 935 841
海　南	220 784	112 997	153 650	1 954 338	1 540 967
重　庆	4 603 499	977 061	1 494 052	34 441 332	25 842 167
四　川	3 904 646	1 871 083	2 113 617	43 171 184	34 272 513
贵　州	1 531 818	503 084	590 207	9 026 188	6 757 422
云　南	6 448 716	1 562 337	1 446 242	27 423 129	23 081 572
西　藏					
陕　西	3 705 252	1 153 681	1 460 619	20 909 954	14 926 197
甘　肃	866 725	384 486	377 567	6 794 225	5 396 320
青　海	112 765	46 566	143 353	770 913	601 064
宁　夏	443 366	172 417	77 858	2 977 674	2 320 223
新　疆	488 876	293 584	101 956	6 582 400	5 567 422

各地区农村经济收益分配（六）

单位：万元

地区	总费用 管理费用	净收入	投资收益	农民外出劳务收入	可分配净收入总额
全国总计	**211 586 066**	**533 288 720**	**4 942 267**	**116 604 540**	**654 835 527**
北京	1 570 596	4 847 706	65 182	404 929	5 317 816
天津	2 982 995	5 477 901	13 458	333 360	5 824 719
河北	19 151 428	29 118 800	502 119	3 643 013	33 263 932
山西	1 772 080	13 193 985	66 577	1 857 360	15 117 921
内蒙古	891 511	5 589 898	15 792	1 803 543	7 409 234
辽宁	7 555 409	18 328 332	52 399	2 944 292	21 325 023
吉林	1 245 172	6 569 507	15 116	1 859 342	8 443 965
黑龙江	1 746 343	8 181 569	8 737	2 417 628	10 607 934
上海	12 598 617	15 666 098	293 627	782 403	16 742 128
江苏	43 539 800	75 626 701	338 051	10 461 267	86 426 018
浙江	26 898 513	64 066 497	400 491	5 468 288	69 935 276
安徽	4 284 881	17 098 647	96 950	8 962 109	26 157 705
福建	5 657 586	17 707 506	483 790	4 013 885	22 205 181
江西	1 466 655	9 598 427	191 356	4 635 427	14 425 210
山东	23 713 250	59 013 197	345 108	8 896 294	68 254 599
河南	6 683 560	34 199 554	383 513	10 331 162	44 914 228
湖北	5 353 737	15 155 424	112 356	5 429 209	20 696 988
湖南	4 041 836	16 702 877	321 308	6 063 976	23 088 161
广东	25 623 642	46 416 721	622 740	6 479 315	53 518 776
广西	1 430 972	12 794 064	60 413	4 052 896	16 907 373
海南	227 145	1 860 548	13 447	256 117	2 130 112
重庆	3 300 375	8 765 795	15 125	4 858 749	13 639 670
四川	3 359 483	21 867 647	96 658	11 016 230	32 980 535
贵州	1 339 463	8 391 461	184 593	2 033 088	10 609 142
云南	2 096 893	10 330 802	21 681	1 402 623	11 755 106
西藏					
陕西	1 725 728	8 872 648	150 810	3 113 630	12 137 088
甘肃	585 368	4 296 121	62 976	1 639 167	5 998 264
青海	83 215	968 705	2 052	375 305	1 346 063
宁夏	297 707	1 226 412	5 630	505 477	1 737 519
新疆	362 109	4 355 171	215	564 457	4 919 843

各地区农村经济收益分配（七）

单位：万元

地　区	可分配净收入总额				
	国家税金	上交国家有关部门	外来投资分　利	外来人员带走劳务收　入	企业各项留　利
全国总计	**63 891 983**	**7 080 165**	**12 862 908**	**35 298 799**	**68 361 796**
北　京	1 200 584	19 742	250 634	172 483	364 478
天　津	940 856	16 535	61 970	256 381	391 461
河　北	2 551 924	248 529	502 633	844 674	3 146 043
山　西	1 774 462	249 831	124 188	490 095	1 980 364
内蒙古	156 043	12 149	11 847	52 915	60 807
辽　宁	1 821 543	292 128	279 436	694 258	1 399 640
吉　林	151 211	17 444	28 962	68 452	114 567
黑龙江	178 047	28 729	77 011	159 192	285 082
上　海	5 038 359	105 788	669 474	2 876 453	4 749 638
江　苏	15 974 850	2 474 986	2 438 653	6 822 581	19 302 038
浙　江	13 606 938	877 060	2 686 610	8 660 557	11 837 524
安　徽	754 393	139 487	247 607	444 729	925 247
福　建	1 387 807	159 088	700 145	1 634 737	1 558 938
江　西	411 223	59 945	181 353	195 585	182 007
山　东	5 318 333	723 160	846 930	2 686 217	8 655 217
河　南	1 435 150	258 916	600 151	864 567	3 031 501
湖　北	610 917	177 612	425 177	531 606	571 778
湖　南	770 785	164 385	393 778	553 744	680 373
广　东	6 142 866	562 691	1 396 576	4 579 554	5 954 852
广　西	388 282	58 622	132 817	171 503	275 601
海　南	24 353	4 050	15 976	57 482	21 984
重　庆	883 077	71 844	153 705	489 328	908 784
四　川	987 210	120 180	200 112	541 215	788 808
贵　州	211 743	79 819	156 686	371 194	162 123
云　南	586 625	41 291	53 491	380 126	343 585
西　藏					
陕　西	394 919	69 370	149 730	335 178	462 204
甘　肃	73 290	24 600	40 368	136 504	115 232
青　海	4 388	757	13 551	11 519	6 976
宁　夏	43 498	5 822	8 304	38 474	30 528
新　疆	68 308	15 606	15 030	177 495	54 417

各地区农村经济收益分配（八）

单位：万元

地区	可分配净收入总额		农民从集体再分配收入	农民所得总额	农民人均所得（元）	从集体外获转移性收入
	乡村集体所得	农民经营所得				
全国总计	**10 936 379**	**456 403 499**	**11 775 028**	**469 619 404**	**5 051**	**21 733 390**
北京	88 443	3 221 453	100 365	3 516 414	10 955	145 383
天津	136 854	4 020 663	172 541	4 219 682	10 848	180 251
河北	1 107 084	24 863 046	499 869	25 499 083	4 631	848 726
山西	167 174	10 331 808	279 539	10 616 265	4 482	597 846
内蒙古	33 900	7 081 572	74 111	7 155 683	5 158	846 548
辽宁	317 300	16 520 718	318 991	16 856 255	7 685	628 932
吉林	60 171	8 003 157	78 708	8 081 865	5 602	761 498
黑龙江	59 110	9 820 764	157 516	9 978 279	5 308	770 409
上海	149 522	3 152 894	250 265	3 507 130	10 416	497 959
江苏	1 160 106	38 252 805	1 496 257	40 176 614	8 080	867 837
浙江	731 484	31 535 103	812 351	32 347 453	9 439	625 743
安徽	267 660	23 378 581	453 727	23 832 846	4 551	1 089 549
福建	116 010	16 648 456	256 099	16 904 555	6 247	333 000
江西	132 328	13 262 770	426 353	13 754 697	4 193	296 284
山东	1 171 455	48 853 287	994 886	49 862 453	7 000	1 012 773
河南	447 660	38 276 283	751 691	39 042 569	4 831	1 275 982
湖北	239 652	18 140 246	353 636	18 493 882	4 674	846 910
湖南	260 059	20 265 037	577 383	20 922 893	3 968	861 386
广东	3 609 079	31 273 158	2 084 701	33 565 205	6 070	538 750
广西	60 435	15 820 112	204 328	16 054 956	3 819	352 972
海南	28 131	1 978 136	31 752	2 022 499	3 864	26 396
重庆	48 170	11 084 762	163 031	11 247 793	4 768	480 448
四川	158 255	30 184 755	393 468	30 578 223	4 536	5 543 020
贵州	45 507	9 582 070	113 844	9 767 299	2 856	203 816
云南	75 837	10 274 151	248 896	10 523 047	2 880	824 985
西藏						
陕西	152 571	10 573 116	313 145	10 905 160	3 951	505 845
甘肃	57 117	5 551 153	98 762	5 662 606	2 735	381 642
青海	1 827	1 307 045	10 787	1 317 942	3 528	73 456
宁夏	5 160	1 605 733	15 164	1 622 526	3 771	116 683
新疆	48 318	4 540 669	42 864	4 583 533	4 497	198 363

十一、农业自然灾害

各地区农业自然灾害情况（一）

单位：千公顷

地区	总计			旱灾			洪涝灾		
	受灾	成灾	绝收	受灾	成灾	绝收	受灾	成灾	绝收
全国总计	**47 214**	**21 234**	**4 918**	**29 259**	**13 197**	**3 269**	**7 613**	**3 162**	**780**
北京	15	10	1	3	1	…			
天津	59	48	5						
河北	2 628	1 642	517	1 544	1 063	418	120	49	4
山西	1 787	1 229	311	1 384	966	262	53	30	8
内蒙古	4 770	2 390	800	3 890	1 923	660	449	161	34
辽宁	2 172	1 034	498	2 084	972	486	20	5	1
吉林	2 671	1 630	475	2 440	1 471	446	37	16	6
黑龙江	7 394	3 130	541	4 872	1 907	272	1 570	800	220
上海	16	8	2						
江苏	1 203	393	32	599	199	13	166	42	19
浙江	463	243	47	22	6	1	67	42	12
安徽	2 101	320	47	909	52		494	179	29
福建	266	128	15	42	26	2	13	8	
江西	1 352	657	79	621	261	29	472	296	35
山东	2 342	1 182	207	1 175	815	79	761	185	67
河南	2 987	1 063	74	1 579	288	27	100	33	6
湖北	1 827	532	152	592	149	19	832	321	101
湖南	1 825	626	121	753	305	62	558	168	36
广东	643	189	22	318	106	9	36	3	
广西	1 110	459	76	774	336	33	303	109	40
海南	120	87	25	13	2	…	2	1	
重庆	495	177	41	137	47	17	319	119	20
四川	1 599	697	119	743	242	26	667	354	76
贵州	780	402	74	478	318	45	196	42	14
云南	1 668	717	174	1 037	416	73	145	86	28
西藏	53	20	9	27	10	1	10	4	2
陕西	1 221	571	74	800	333	51	61	25	10
甘肃	1 881	669	212	1 542	495	174	110	60	10
青海	160	74	13	34	17		13	4	…
宁夏	366	127	36	308	106	32	30	15	1
新疆	1 244	778	120	540	366	31	9	4	2

各地区农业自然灾害情况（二）

单位：千公顷

地 区	风雹灾			台风灾			低温冻灾		
	受灾	成灾	绝收	受灾	成灾	绝收	受灾	成灾	绝收
全国总计	**5 493**	**2 944**	**534**	**1 146**	**479**	**81**	**3 673**	**1 446**	**252**
北 京	10	9	1				1		
天 津	59	48	5						
河 北	748	445	92				216	85	3
山 西	131	93	21				218	140	19
内 蒙 古	144	133	58				287	174	47
辽 宁	67	57	12				1		
吉 林	188	139	21				5	5	2
黑 龙 江	537	246	33				415	178	16
上 海				16	8	2			
江 苏	108	68		164	29		167	55	
浙 江	9	18	1	364	178	33			
安 徽	400	60	12	29	16		270	13	6
福 建	…			146	70	7	65	24	7
江 西	122	48	9	11	4	1	125	47	5
山 东	175	87	40				231	96	21
河 南	1 129	682	31				179	60	9
湖 北	165	23	14				238	39	18
湖 南	129	31	6				385	122	18
广 东				289	80	13			
广 西	10	7	3	19	8		3		
海 南	…			105	84	25			
重 庆	21	7	2				11	3	1
四 川	140	89	15				44	11	1
贵 州	71	35	15				30	5	
云 南	90	41	11	4	2		382	169	62
西 藏	6	3	2				10	3	3
陕 西	187	80	7				173	133	7
甘 肃	156	81	24				71	32	4
青 海	73	52	12				40	1	1
宁 夏	4	3	2				24	3	1
新 疆	615	361	86				81	47	1

各地区农作物病虫草鼠害发生、防治情况（一）

地区	发生面积（千公顷次）	防治面积（千公顷次）	挽回损失（吨）			
			粮食	棉花	油料	其他
全国总计	**485 166**	**560 640**	**103 750 639**	**1 954 746**	**3 412 079**	**77 777 025**
北京	1 387	1 403	158 859	45	3 763	198 324
天津	1 806	1 682	157 172	26 272	278	703 012
河北	39 452	36 839	4 073 413	557 500	188 955	6 085 915
山西	12 140	12 226	1 256 293	36 654	19 724	1 646 292
内蒙古	11 988	10 576	2 320 031		177 576	1 741 811
辽宁	12 126	11 825	1 950 041	105	81 517	2 927 452
吉林	11 983	12 837	3 089 467		20 493	235 833
黑龙江	27 845	26 966	10 224 512		4 462	879 343
上海	2 715	4 383	414 277		4 035	374 666
江苏	35 668	60 978	9 916 038	51 970	186 057	2 673 103
浙江	14 610	22 336	2 656 613	6 631	54 480	3 737 096
安徽	26 506	30 051	5 978 372	82 765	265 184	1 632 511
福建	5 450	7 164	936 084		126 530	945 915
江西	13 613	20 036	4 899 949	28 152	11 163	5 567 656
山东	47 391	50 093	8 331 778	316 325	563 689	16 865 151
河南	42 468	44 471	13 369 073	84 521	271 036	1 576 978
湖北	22 611	32 471	5 334 868	156 759	414 915	1 467 309
湖南	39 305	49 395	7 917 507	78 213	248 464	3 298 006
广东	22 043	27 315	4 428 404		183 735	7 973 689
广西	18 443	18 693	3 365 974		63 798	7 750 955
海南	1 996	2 104	278 265		11 108	1 075 920
重庆	6 797	5 969	1 806 780		30 645	423 847
四川	17 620	22 200	4 752 113	5 681	260 705	2 369 870
贵州	6 720	5 266	840 426		25 004	164 636
云南	8 829	12 485	1 925 423		51 486	1 495 520
西藏						
陕西	13 480	11 371	944 112	2 040	26 554	1 352 350
甘肃	8 317	7 402	928 799	26 993	32 249	633 528
青海	1 095	1 303	163 747		45 665	70 522
宁夏	2 692	2 630	575 981		6 853	704 085
新疆	8 074	8 168	756 268	494 118	31 956	1 205 729

各地区农作物病虫草鼠害发生、防治情况（二）

地 区	实际损失（吨）			
	粮食	棉花	油料	其他
全国总计	**21 029 469**	**480 145**	**880 928**	**16 351 434**
北 京	19 927	9	365	37 777
天 津	41 209	4 184	95	215 163
河 北	1 184 027	150 017	68 926	993 921
山 西	409 360	12 517	7 618	418 672
内 蒙 古	959 674		59 765	640 426
辽 宁	806 271	33	23 671	677 110
吉 林	1 154 896		2 294	49 640
黑 龙 江	1 762 562		4 479	223 402
上 海	27 824		2 716	168 254
江 苏	788 260	10 145	43 916	506 627
浙 江	219 065	1 047	7 882	660 340
安 徽	1 274 099	19 890	76 838	520 589
福 建	127 347		4 193	190 175
江 西	541 767	8 493	2 553	1 113 675
山 东	1 812 270	66 650	121 852	3 358 508
河 南	2 744 664	22 030	100 142	408 503
湖 北	1 327 196	42 510	111 092	346 332
湖 南	858 055	15 770	40 587	551 576
广 东	821 772		41 666	1 290 568
广 西	461 717		10 675	1 262 358
海 南	161 867		2 484	743 989
重 庆	539 647		14 033	124 255
四 川	727 181	747	41 054	353 246
贵 州	480 571		20 690	80 068
云 南	394 151		11 185	402 629
西 藏				
陕 西	450 381	1 927	10 988	320 627
甘 肃	336 306	4 250	12 423	159 031
青 海	63 213		20 467	17 830
宁 夏	181 912		2 342	110 065
新 疆	352 279	119 924	13 938	406 077

各地区农作物病虫害发生、防治情况（一）

地　　区	发生面积（千公顷次）	防治面积（千公顷次）	挽回损失（吨）			
			粮食	棉花	油料	其他
全国总计	**367 773**	**447 630**	**77 304 466**	**1 694 541**	**2 352 478**	**68 075 068**
北　京	986	976	66 942		3 062	191 844
天　津	1 173	1 152	59 228	21 418	245	693 229
河　北	30 655	29 242	2 940 676	512 588	142 932	5 728 603
山　西	9 464	9 850	983 511	29 914	17 684	1 582 107
内蒙古	7 862	6 228	1 290 938		113 774	1 321 321
辽　宁	9 747	9 209	1 433 091	105	58 143	2 799 974
吉　林	5 932	7 166	1 609 051		7 960	170 383
黑龙江	18 717	18 261	5 433 001		3 728	697 284
上　海	2 447	4 016	322 708		1 226	374 666
江　苏	29 630	54 089	7 691 608	42 854	116 437	2 470 140
浙　江	12 273	19 593	2 206 734	5 907	30 607	3 382 581
安　徽	19 725	23 145	3 960 079	63 337	116 718	1 212 636
福　建	4 125	5 708	732 460		119 043	775 553
江　西	10 131	17 506	4 699 162	26 471	11 163	5 567 656
山　东	37 054	40 564	5 666 375	256 713	467 538	13 686 073
河　南	34 569	37 003	11 868 930	74 578	220 792	1 479 725
湖　北	17 862	27 598	4 507 070	124 052	270 577	1 232 655
湖　南	31 644	41 844	6 729 600	67 118	167 829	2 931 176
广　东	17 496	22 086	3 280 234		138 804	7 043 636
广　西	12 733	13 746	2 057 809		36 824	6 145 221
海　南	1 433	1 524	184 372		4 548	956 215
重　庆	4 840	4 613	1 557 148		22 064	375 663
四　川	11 607	16 111	3 584 394	4 292	119 091	2 065 149
贵　州	5 360	4 273	672 040		16 769	158 637
云　南	6 021	9 312	1 429 177		42 612	1 325 222
西　藏						
陕　西	10 627	9 079	759 985	2 036	21 377	1 283 451
甘　肃	5 835	5 358	710 991	21 495	22 564	543 299
青　海	620	737	71 878		31 751	59 072
宁　夏	1 962	2 034	382 912		3 862	688 794
新　疆	5 241	5 608	412 361	441 663	22 757	1 133 103

各地区农作物病虫害发生、防治情况（二）

地区	实际损失（吨）			
	粮食	棉花	油料	其他
全国总计	**15 895 413**	**430 460**	**689 395**	**14 187 977**
北　京	13 715		330	37 007
天　津	24 810	3 210	87	212 306
河　北	977 979	143 688	64 687	925 702
山　西	346 871	11 226	6 940	399 138
内蒙古	461 474		40 564	414 490
辽　宁	725 878	33	21 939	661 069
吉　林	800 996		1 220	41 796
黑龙江	907 816		4 264	146 558
上　海	22 728		2 489	168 254
江　苏	615 125	9 283	30 810	482 768
浙　江	179 330	968	5 780	620 951
安　徽	899 918	16 520	50 292	440 778
福　建	90 472		3 100	160 147
江　西	434 452	7 803	2 553	1 113 675
山　东	1 268 270	50 923	108 420	2 444 398
河　南	2 533 128	19 570	89 331	365 542
湖　北	1 188 809	36 611	83 238	320 238
湖　南	743 674	14 286	26 938	486 352
广　东	613 635		32 637	1 180 637
广　西	262 272		7 123	1 076 707
海　南	101 208		1 218	700 185
重　庆	403 085		9 392	104 778
四　川	507 652	675	22 612	307 083
贵　州	422 043		17 608	77 477
云　南	272 888		8 715	361 743
西　藏				
陕　西	363 556	1 925	9 840	288 440
甘　肃	277 791	3 615	9 430	141 142
青　海	32 770		15 664	15 904
宁　夏	157 711		1 635	108 544
新　疆	245 356	110 124	10 541	384 169

各地区农田草害发生、防治情况（一）

地　　区	发生面积（千公顷次）	防治面积（千公顷次）	挽回损失（吨）			
			粮食	棉花	油料	其他
全国总计	**88 885**	**91 179**	**21 410 973**	**260 205**	**1 059 601**	**9 701 957**
北　京	228	220	62 717	45	701	6 480
天　津	388	390	60 889	4 855	33	9 782
河　北	6 783	6 292	947 460	44 912	46 023	357 313
山　西	1 957	1 871	213 164	6 740	2 041	64 186
内蒙古	2 907	3 621	922 334		63 802	420 489
辽　宁	1 359	1 741	407 154		23 374	127 479
吉　林	3 802	4 337	928 273		12 533	65 450
黑龙江	6 378	7 200	4 509 048		734	182 059
上　海	188	286	89 583		2 810	
江　苏	5 524	6 505	2 162 642	9 116	69 621	202 963
浙　江	1 878	2 235	375 188	724	23 873	354 515
安　徽	5 892	6 280	1 924 011	19 428	148 466	419 875
福　建	992	1 150	130 537		7 487	170 361
江　西	2 228	1 794	27 881	1 680		
山　东	8 901	8 336	2 486 339	59 612	96 151	3 179 078
河　南	7 452	7 156	1 473 014	9 943	50 244	97 253
湖　北	3 925	4 309	737 923	32 708	144 338	234 654
湖　南	5 766	5 765	921 971	11 096	80 635	366 830
广　东	3 171	3 601	580 743		44 931	930 053
广　西	4 162	3 642	506 920		26 975	1 605 734
海　南	399	431	50 211		6 560	119 705
重　庆	1 122	834	119 724		8 581	48 184
四　川	3 831	4 113	643 546	1 389	141 614	304 721
贵　州	814	587	57 958		8 235	5 999
云　南	2 147	2 241	369 348		8 874	170 298
西　藏						
陕　西	2 005	1 692	117 458	5	5 177	68 899
甘　肃	1 704	1 476	141 909	5 498	9 685	90 23
青　海	291	424	46 714		13 913	11 450
宁　夏	585	523	185 302		2 991	15 291
新　疆	2 108	2 130	211 013	52 455	9 199	72 626

各地区农田草害发生、防治情况（二）

地　　区	实际损失（吨）			
	粮食	棉花	油料	其他
全国总计	**3 251 725**	**49 685**	**191 533**	**2 163 456**
北　　京	3 916	9	35	770
天　　津	7 861	975	8	2 857
河　　北	161 992	6 329	4 239	68 219
山　　西	42 417	1 291	678	19 534
内 蒙 古	444 212		19 201	225 937
辽　　宁	37 000		1 733	16 041
吉　　林	145 390		1 073	7 843
黑 龙 江	468 069		215	76 844
上　　海	4 942		227	
江　　苏	139 870	862	13 107	23 859
浙　　江	27 975	79	2 102	39 388
安　　徽	321 112	3 370	26 546	79 811
福　　建	12 515		1 092	30 028
江　　西	2 685	690		
山　　东	470 844	15 727	13 432	914 111
河　　南	197 698	2 460	10 811	42 961
湖　　北	104 788	5 899	27 854	26 094
湖　　南	78 927	1 484	13 649	65 224
广　　东	84 263		9 029	109 931
广　　西	58 187		3 552	185 652
海　　南	23 598		1 266	43 804
重　　庆	46 410		4 641	19 478
四　　川	117 274	73	18 442	46 163
贵　　州	18 402		3 083	2 591
云　　南	96 288		2 470	40 886
西　　藏				
陕　　西	32 530	2	1 147	32 187
甘　　肃	29 969	635	2 993	17 889
青　　海	9 242		4 804	1 926
宁　　夏	17 739		707	1 521
新　　疆	45 610	9 800	3 398	21 907

各地区农田鼠害发生、防治情况

地 区	发生面积（千公顷次）	防治面积（千公顷次）	挽回损失（吨）	实际损失（吨）
全国总计	**26 891**	**20 383**	**4 658 223**	**1 841 909**
北 京	173	207	29 200	2 296
天 津	181	98	37 055	8 538
河 北	1 673	896	129 563	35 305
山 西	681	480	56 792	19 321
内 蒙 古	1 219	726	106 759	53 987
辽 宁	1 016	874	109 757	43 288
吉 林	2 249	1 334	552 143	208 510
黑 龙 江	2 734	1 490	278 893	386 372
上 海	80	80	1 987	154
江 苏	460	334	53 278	32 140
浙 江	459	508	74 691	11 760
安 徽	798	552	82 150	50 314
福 建	332	307	73 069	24 358
江 西	1 254	736	172 906	104 630
山 东	978	800	179 064	73 157
河 南	283	196	13 993	10 792
湖 北	824	564	89 875	33 599
湖 南	1 883	1 777	260 156	34 734
广 东	1 350	1 609	560 942	122 893
广 西	1 529	1 287	646 016	140 316
海 南	158	146	39 335	31 121
重 庆	834	522	129 908	90 152
四 川	2 108	1 917	523 432	102 057
贵 州	547	407	110 428	40 126
云 南	661	933	126 874	24 965
西 藏				
陕 西	719	520	65 507	54 256
甘 肃	772	563	75 343	28 410
青 海	180	139	44 870	20 989
宁 夏	122	41	5 967	6 360
新 疆	633	340	28 272	47 009